武当武术大典

武当九宫门拳械功法阐秘

（上册）

王炳生　郑卫星　著

长江出版传媒 Changjiang Publishing & Media
湖北科学技术出版社 HUBEI SCIENCE & TECHNOLOGY PRESS

图书在版编目(CIP)数据

武当九宫门拳械功法阐秘.上册／王炳生,郑卫星著.—武汉：湖北科学技术出版社，2017.11

ISBN 978-7-5352-9751-8

Ⅰ.①武… Ⅱ.①王… ②郑… Ⅲ.①武当山—武术 Ⅳ.①G852

中国版本图书馆 CIP 数据核字(2017)第 257716 号

责任编辑：谭学军 徐 竹　　封面设计：曾雅明

出版发行：湖北科学技术出版社　　电话：027-87679468
地　　址：武汉市雄楚大街 268 号　　邮编：430070
（湖北出版文化城 B 座 13-14 层）
网　　址：http://www.hbstp.com.cn

印　　刷：武汉中科兴业印务有限公司　　邮编：430071

710×1000　1/16　　12.75 印张　　200 千字
2018 年 10 月第 1 版　　2018 年 10 月第 1 次印刷
定价：35.00 元

《武当武术大典》编辑委员会

作者介绍

王炳生先生，祖籍湖南双峰，汉族，1934 年 12 月 30 日生。国家高级教练、国家级裁判。原湖北省武术协会副秘书长、湖北省科学技术协会武术专业委员会委员、中国武当山拳法研究会原特邀研究员、武当九宫门传人。

王炳生自幼跟随外祖父何春生习练武当九宫门拳、械及功法。1957 年就读于武汉体育学院，拜中国著名武术家温敬铭教授、刘玉华教授为师。在他们的精心培育下，打下了坚实的基本功基础，擅长长拳类及太极拳、形意拳、八卦拳、八极拳及其器械。20 世纪 70 年代起又得到了中国著名武术家何福生亲自指导；20 世纪 80 年代初跟中国武术泰斗李天骥先生学练“武当珍珠滚盘剑”“武当太极剑”。毕业后，从事武术教学训练工作，培养了大批武术优秀苗子和骨干。担任省、市业余武术队教练时，曾连续获得 7 届湖北省武术比赛团体冠军，金牌数居首。参与筹建湖北武术队，1976 年带队参加在哈尔滨举行的全国武术表演赛，章红、罗竞荣获一等奖。任湖北省武术队教练多年，呕心沥血，培养了全国冠军、亚军及武英级运动员数十名。特别是主训“集体九节鞭”，在全国武术表演赛中，连续 5 年获得冠军（1980—1984），得到湖北省体委记三等功和晋级奖励。10 余年任全国武术竞赛裁判员、裁判长、副总裁判长、秉公执法，多次被评为优秀裁判员。注重研究，总结经验，在国内武术刊物上发表数十篇文章，著有《武当九宫拳宗阐秘》等书。

而今，尽管年过八旬，然而王先生仍像一颗不落的红日，散发着余晖。经常出入武术队训练场馆，关心年轻教练和运动员的成长。他还受聘于省、市各武术馆、校，担任技术顾问，经常下基层辅导；坚持到社区、公园晨练点辅导广大武术爱好者习练太极拳、太极剑，传授武当九宫门拳、械及功法，尽心尽力为中华武术的发展和全民健身运动做出应有的贡献。

前　言

中华民族有着悠久的历史，我们的祖先创造了灿烂的民族文化。武术是中华民族传统文化的重要组成部分，是其中一颗璀璨的珠玑。它的历史悠久，源流远长，内容十分丰富。特别是它那强身健体、祛病延年、防身抗暴、磨炼意志、陶冶性情、焕发民族精神的功效，卓然生辉，使其深深扎根在中华儿女中间。随着历史文化的发展，中华武术在这漫长岁月里，几经盛衰，走过了一段曲折艰辛的路程，表现出了顽强的生命力。

中华传统武术文化首次在世界人民面前亮相，是 1936 年在德国柏林召开的第十一届奥林匹克运动会上。当时中国派出了以郑怀贤教授为首的武术代表队参加了奥运会。在会上，中国武术代表队表演了"武当剑法""钢叉术""擒拿对打"及传统的武术套路等精彩项目，给各国运动员和观众留下了深刻的印象。会后代表队应邀又在汉堡等地做了多场巡回表演，受到了德国人民的称赞。中国人第一次向世界人民宣传了中国传统武术文化。

中华人民共和国的成立给民族传统武术文化带来了春天般的勃勃生机。武术文化在党和政府的关怀下得到了迅猛的发展。中华武术不仅成为人民大众强身健体的民族传统体育项目，而且纳入了国家体育竞赛及表演项目。改革开放以来，传统武术的挖掘、整理、继承和发展工作也取得了显著的成果。出版的武术书籍不计其数；全国武术馆、校、社、站如雨后春笋般建立。群众性的武术运动蓬勃发展；世界各国武术社团及武术爱好者，相继来到中国学习武术和交流经验；中国的运动员、教练员也走出国门，参加国际武术比赛，传授中国武术并进行武术文化交流。顺应武术蓬勃发展形势的需要，"国际武术联合会"于 1991 年成立。至此，中华武术史揭开了新的一页，中华武术已走向世界，造福人类。武术属于中国，也属于世界。

中华传统武术文化是一种以人为对象的人文科学。它集健身益寿、攻防技击和艺术欣赏等价值为一体，汇东方文化于一身，具有独特的研究价值。它不仅是一种形体锻炼和精、气、神的内在运动，更是一种陶冶精神、修身养性的传统文化。我们要正确认识、处理好继承和发展的关系。一切优秀民族文化遗产和科学成果都是在继承和发展的基础上发扬光大的。中华传统武术文化积累了多少代人的智慧成果，它的文化内涵、攻防技击和经验都是不断地继承、不断地发展的结果。不尊重和不继承前辈的经验是否认民族文化遗产的表现，当然就谈不上学习和发展。但是仅限于继承，把前辈的东西和师训当作一成不变的教条，墨守成规，述而不作，生硬模仿，也会阻碍事物的发展，难以创造传统武术文化的更高水平和个性特点。我们要认真地深入调查研究，将前辈的传统武术文化挖掘出来。"去其糟粕，吸其精华"，以科学的态度去继承、发展、创新、提高，发扬光大。

时逢盛世，在弘扬中华传统武术、振兴中华文化之际，百感于怀，不揣愚瞽，遂欣然濡笔而书，将习练先祖所授"九宫拳、械、功法"之体悟，悉心整理，撰成《武当九宫拳、械、功法阐秘（上、下册）》之书，贡献给武术界同仁和广大武术爱好者。遗憾的是 20 世纪 60 年代将先祖留下的古印本拳谱遗失，以至无从完璧。几十年来，经过多方调查研究，吸取其精华，推陈出新，溯源追忆，去繁就简，以拳谱歌诀为源，知之多少，撰之多少。择古人之前言往行，为我体悟实练所得而求理。就理论上说，内家拳都讲"动静分阴阳""变换循八卦""运行轨五行"，这岂不是传统武术文化发展的规律吗？"九宫拳、械、功法"就是从这个规律中延伸发展的。

该书内容有"九宫八卦太极拳""九宫八卦太极刀""九宫太极大枪""九宫门功法"。主要介绍有关源流、拳理、风格特点及拳谱歌诀、套路动作技法、功法等。全书图文并茂，阐述纂详，言简意明，按图索骥，依法习之，即驾轻就熟、无师自通，倘若能广泛流传于世，则聊尽抛砖引玉、启通后学、利人寿世、强身健体、修身养性、益寿延年之夙愿。

该书在挖掘整理编写过程中，曾得到崔小梅、王诚、魏玲玉、朱玲娣、王璠、龚丹妮、王梦郢等同志的大力支持。于此，谨致以鸣谢之忱！

鉴于本人水平有限，拙著虽成，而书中疏漏在所难免，敬请海内外武林诸君及武术爱好者，不吝赐教，是幸！

王炳生

目　录

第一章 九宫拳、械、功法概述

第一节 源 流

关于传统武术的源流问题，人们谈及它的发祥地、创始人和朝代时，往往只限传说，拿不出确凿的史料证据，只能凭借先辈之言或遗留下来的“古印本”或“抄本”而叙之。

沧海横流，世事多变。九宫拳、械、功法世代相传至今，谈及源流，笔者也只能根据祖传“古印本”及前辈们的留言而叙之。

祖传拳诀曰：“老祖拳师武当山，指点穴道武艺深。拳打三尖要相对，气沉丹田六合功。六合贯通手足随，阴阳转定沉托力。问君拳脚属何派，武当盛名内家拳。”此诀说明九宫拳、械、功法是武当派系的一门类。“武当武功有渊源，武当道士学在前。俗家弟子向外传，一代一代承沿袭。五行八卦九宫拳，勤学苦练方成仙。练得功夫日月圆，手脚技击一挂鞭。若问拳家名和姓，龙门八代张守性。”张守性何许人也？①史料出自《天乙真庆宫碑记》，记载道士张守性（明）率徒修起南岩庙宇。据遗“古印本”记载：“1488 至 1505 年间，武当山紫霄宫龙门派第八代宗师张守性根据张三丰的《太极十三式》及《太乙五行拳》和道派中‘吐纳’‘导引术’‘行宫’等融练成‘九宫门’拳械。”②武当杂志社编辑部原主编谭大江先生曾整理天津人韩英魁笔授的“八卦转九宫”，又称“八卦龙形转九宫”。它是董海川先生所传八卦掌门派拳法之一。学者陈流沙先生(古都子),20世纪80年代中在湖北省通山县(通州)九宫山向在庙道人圣软法师学练“九宫凤凰展翅功”(《武当》1989年第一期第13页)。据《湖北武术史》(人民体育出版社,1994年出版,258页)载:“明弘治年间(1488—1505年),武当山紫霄宫龙门第八代宗师张守性创编“武当太乙五行拳系”。除此之外,别无历史考证。

据广西廖冬晴先生撰文“九宫门武技述略”(《武当》2003年第十一期11页)记述:“李逸鹤道长是武当派内家拳的第九代传人,是九宫门的开山祖师(生于乾隆二年三月初八,逝于嘉庆二十四年九月十二日,享年83岁)。张海涛是九宫门的第二代继承人(生于嘉庆元年八月初四,逝于光绪十二年七月初六,享年91岁)。黄文道为第三代传人(生于咸丰五年十二月十五日,逝于民国三十二年三月初二,享年87岁)。李仁之是第四代传人(生于1904年正月十一日,逝于1988年5月18日,享年84岁)。”廖冬晴先生初中时从学于李。经过苦心寻找史料及武术资料,没有见到上述人物的记载。有待进一步研讨商榷。然而,难以有根有叶确凿地证明九宫门拳、械的发祥地,创始人及年代。

根据祖传“拳谱”记载:早在1848年,湖南省湘乡市湖水洞人谢敬武隐居湖北通州九公寨与在庙道人学得“九宫门拳技与功法”。几年后还俗回家乡,将武艺传给儿子谢为大。能吃苦耐劳的谢为大练就了一身好武艺,威震湖水洞,劫富济贫,很得乡亲们的赞誉。他后来将武功传给儿子谢迪凡和迪凡的好友何春生。何春生深知习武来之不易,每天闻鸡起舞,苦练不辍,并学医行道。1949年前广收徒弟,在湖南湘乡荷叶地区(曾国藩的家院)名声鼎鼎。

笔者自幼在外祖母身旁成长,在外祖父何春生的熏陶影响下,跟随学医习武两年有余,粗略学得了武当九宫门拳技与功法,并得到了“古印本”中拳诀、拳谱,粗知梗概。几十年来,经过艰苦的习练,认真的调查研究,精心的挖掘,整理了九宫掌、九宫十八腿、活盘八卦转九宫、九宫八卦太极拳、九宫八卦太极刀、九宫八卦太极剑、九宫八卦太极枪、九宫太极十三杆、九宫拐杖剑、九宫日月乾坤圈、九宫太极大刀、九宫太极大枪、九宫太极拐杖及九宫桩、飞九宫、九宫旋转十二法、九宫弹指功、九宫点穴功等。有的撰书出版,有的刊登在武术刊物上。

现在整理的套路及功法都未脱出原古套路的风格特点和技法范畴。然而,随着时光的流逝,辗转传授至今,可说几百年或上千年的历史。从第一传至二传到三传、四传直至广泛流传。有继承，有发展，有遗漏，有补充，这是显而易见的，也是传统武术套路与功法的发展规律。

第二节 拳　理

武当九宫拳、械、功法的拳理阐释、技法原理、技击原则都受古代太极拳、八卦掌、形意拳的影响。处处充满了“阴阳、八卦、五行、九宫”的内容。

“阴阳”是古代朴素的辩证法。《素问·阴阳应象大论》曰：“阴阳者，天地之道也，万物之纲纪，变化之父母，生杀之本始。”古人曰：“一阴一阳之谓道。”何谓阴？缓慢的、安静的、向下的、内在的、平稳的……为阴；何为阳？积极的、活跃的、向上的、表面的、剧烈的……为阳。阴阳双方相互依存，互为其根。《素问·阴阳应象大论》曰：“阴在内，阳之守也，阳在外，阴之使也。”阴阳双方在一定条件下可以相互转化。阴阳是相对的，阴可以转化为阳，阳可以转化为阴；阴阳之间既有统一性，又有相互制约性，“阴胜则阳病，阳胜则阴病”。阴阳双方不断地相互消长；阴长时阳落；阳长时，阴消。一天之中，由子时起，阳生开始，进行一天的消长；人们从出生至死亡，进行着一生的阴阳消长。《素问·生气通天论》曰：“阴平阳秘，精神乃活，阴阳离诀，精气乃绝目。”九宫拳、械、功法中的阴阳具体表现如表 1–2–1 所示。

表 1–2–1　九宫拳、械、功法中的阴阳

阳	动	实	起	进	前	左	上	伸	升	开	外	背	腑	津	气	刚
阴	静	虚	落	退	后	右	下	缩	降	合	内	腹	脏	液	血	柔

“五行”作为世界万物的本源，归纳为金、木、水、火、土五种基本物质。它们之间有一个相生相克、循环不已的规律。相生即为木生火、火生土、土生金、金生水、水生木；相克即为水克火、火克金、金克木、木克土、土克水。五行与形意拳的关系就是以“五行生克制化”为指导思想。形意拳谱上说：“劈拳之形似斧，性属金；崩拳之形似箭，性属木；钻拳之形似电，性属水；炮拳之形似炮，性属火；横拳之形似弹，性属土。”五行分布于五方位：南方火、北方水、东方木、西方

金、中央土。恰好是人的前、后、左、右、中五个方位。

历史上,“形意拳”“心意拳”“行意拳”“六合拳”“五行拳”是同一拳术。“心意诚于中,肢体形于外”,“象形取意”,外形和内意高度统一。即外取动物之形,内以五行配五脏之理。五行学说同形意拳的关系就是以“五行生克制化”为指导思想,结合拳势,结合人体,以演练人体内外“五行”为主。

“八卦”是我们祖先发明的,是举世无双的国宝。何谓“八卦”?《系辞》中有:“是故易有太极,是生两仪,两仪生四象,四象生八卦。”太极了,就会出现分化,故阴阳分离。阴阳分,两仪成。两仪就是天地,有阴有阳;两仪生四象,是阴阳相重、阴阳交合而至。四象是象征四方,象征一年的春、夏、秋、冬四季四时。四象生八卦,实际上还是阴阳相重、阴阳相合而成。《周易大传今注》中讲:“少阳、老阳、少阴、老阴四种爻乃象四时,八卦由此四种爻构成。”《周易》中的 8 种基本图形(图 1-2-1),其名称是:坎☵北,离☲南,震☳东,兑☱西,为四正方;坤☷西南,乾☰西北、艮☶东北、巽☴东南,为四隅角。

古人曰:“天有八风,易有八卦,人有八脉,拳有八势,八卦者:有圆之象焉。”八卦象征天、地、水、火、雷、风、山、泽八种自然现象。古拳师以此创编了以“八卦”命名的“八卦掌”“八卦剑”“八卦刀”等,并以其 8 种基本图形表示推、托、带、领、劈、进、搬、扣等技击动作,阐发拳理。九宫拳、械、功法就是如此之理。

图 1-2-1 《周易》中的 8 种基本图形

何为“九宫 ”?根据“文王八卦图”,即震东方、兑西方、离南方、坎北方为四正方;乾西北、坤西南、巽东南、艮东北为四隅角;中央阴阳鱼。这四正四隅加上中央,合称为九宫。《北周甄鸾注》曰:“九宫者,即二四为肩,六八为足,左三右七,戴九履一,五居中央”。《易纬·乾凿度》有九宫之数:“以九、一、三、七为正方,以二、四、六、八为四隅,而五为中宫。经纬四正四隅交路相偹,无不得十五者”(图 1–2–2、图 1–2–3)。

图 1–2–2　九宫图

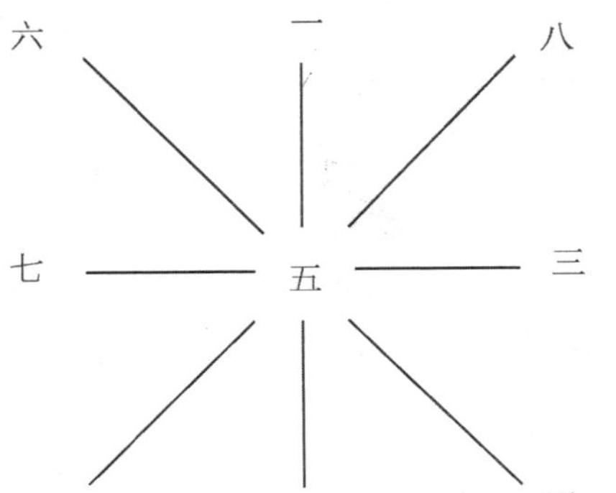

图 1–2–3　九宫之数

第三节　特　　点

根据祖传古印本中“九宫拳、械、功法”，其拳理、练功方法及技术要领与各家太极拳似无多大差异，它体现了传统太极拳缓慢柔和、轻灵圆活、心静体松、意领身随、前后贯穿、上下相随、绵绵不断、快慢相间、刚柔相济的基本要求。然而，唯在动作名称、套路运行路线及手法上有所区别，所以有它的独特拳路风格。概括起来，具有下述特点。

1.行拳走势以练气为根本

练好九宫拳、械套路的关键是正确掌握行功运气方法。它是意念、呼吸、套路动作三结合的气功运动，也就是以内气为其动力，进行通关节、疏经络、活血脉、强体质的实效形式。故此，它的行功走架的“起势”“收势”都要求：“心无所思，意无所察，脑中清静，精神内守，呼吸自然，全身放松。”拳谱中有歌诀曰：“心静自然练拳功，调和气息三阴阳。阴阳两仪督脉升，阳极阴生降任经。舌舔上颚达鹊桥，嘴唇微闭平肝风。呼吸匀缓肺气通，关元气海真气壮。脚趾抓地‘涌泉’通，‘气升’‘华盖’津液吞。天地归元周身润，‘九宫’收势气自然。”上述说明九宫拳、械套路的“起势”“收势”、行功运气的“唯精唯一，归一清静”之重要性。

2.别具一格的“穿九宫”“走八卦”“练太极”“四正四隅”套路演练方法

九宫拳、械的行拳走势是以穿九宫方位或走四正方与四隅角的套路路线。如“活盘八卦转九宫”“九宫八卦太极剑”“九宫八卦太极刀”是穿绕九宫方位。“九宫太极十三杆”“九宫太极大枪”“九宫太极大刀”是走“四正方”或“四隅角”的套路路线。在“九宫”中穿行，变换招式，灵活多变，快慢相间；眼随手视，手随身活，步随身变，腰带四肢，上下相随；手、眼、身、步、法（技法）协调一致。既有太极拳的缓慢柔和、轻灵圆活、绵绵不断，又有八卦掌那样势势相随、随走随变，还有形意拳的发劲沉稳、朴实明快、气势雄厚的独特风格。

3.动作技巧攻防含义明显，实用性强

九宫拳、械套路动作组合严格遵照传统武术的攻守原则：攻中有防，防中有攻，攻防兼备。以圆、弧招架、半圆攻防的“野马分鬃”为例：前手弧形掤击进攻对方，后手半圆按採于前裆，以防对方进攻腹部、裆部。这一进攻、防守就体现了与其他太极拳“野马分鬃”的区别。“活盘八卦转九宫”中的“推山填海”，先是两手划圆于胸前两臂交叠，以防守对方，而对方未动之先，以迅雷不及掩耳之势猛扑过去。还有“九宫太极十三杆”演练时呈现出“滑如冰凌粘似胶，软如棉花硬似铁”的境界。其动作招法朴实无华，气势如拉弓出箭，杆杆皆无虚招，攻守技击实战性强。“大枪”“大刀”均是如此。

4.站桩之道乃练好九宫拳、械套路的关键

桩功是行拳走势中的一种很重要的基本功夫。前辈练习“九宫拳、械”套路，必须先练“九宫桩”“飞九宫”“九宫步”，为以后练架子和技击打下坚实的基础。站桩是“静中求动”“动中求静”“动静结合”，乃真气之生的法宝。真气乃性命之根、生死之本，也是行拳走架的原动力，也是提高身体柔韧、灵敏、耐力、力量等的有效手段。

第四节　套路动作图解及演示路线图说明

一、套路动作图解说明

（1）记载武术套路动作须用图和文字。用图来描绘动作形象和身体各部位的动作路线；用文字来说明动作的详细过程和要领，两者合起来称图解，便于后学、流传与推广。

（2）套路动作运动方向。图解中的运动方向，是以人体的躯干姿势为准，并且随着身体姿势转旋的位置变化而变化。图中人体的身前为前，身后为后，左侧为左，右侧为右，还有左前、左后、右前、右后之分。转体后的身前为前，身后为后，以此类推。本书始终以躯干姿势来确定方向。

（3）术语的运用。为了简练，图解的文字说明中常用术语即步型中的弓步、马步、仆步等，如上一步成左弓步或成马步。

（4）本书插图中一般用虚线（--→）或实线（⟶），是表示该部动作到下一动作行进的路线。箭尾为起点，箭头为止点。

本书插图上，太极拳图实线表示下一动作右手、右脚的运行路线，虚线为左手、左脚的运行路线。

剑、刀与此相同。大枪、大刀图中实线表示下一动作枪尖或刀尖与右脚的运行路线；虚线表示枪把或大刀镦与左脚的运行路线。

二、演示路线图说明

（1）行拳走势穿绕"九宫"方位，动作名称无法写下，只好用动作顺序数码。个别套路在一条直线上往返运动，因无法叠写，故将图面展开。

（2）几个动作在原地完成的，其名称连接或并列写好。

（3）动作名称的下端为练习者胸向方向，名称的上端为背向方向。

（4）图中起势与收势一般假设胸南背北，以便与动作说明相对照。

（5）在动作说明中"左（右）"或"右(左)"的写法，它是指左、右均可或左右互换的意思。

扫码观看九宫
八卦太极拳视频

第二章　九宫八卦太极拳

第一节　九宫八卦太极拳的特点

太极拳运动已经遍及我国城乡，成为深受广大群众欢迎的养生、保健运动项目。为了满足广大太极拳爱好者的要求，遵循“古为今用”“推陈出新”的方针，继承家世祖传抄本拳谱，广纳博采，有继承、有发展、有创新，不拘于旧套，保留传统太极拳的本质及套路风格特点，挖掘整理编写出“九宫八卦太极拳”。此套路较好地发扬了传统太极拳缓慢柔和、轻灵圆活、相连不断、虚实分明等运动特点，体现了心静体松、动中求静、意领身随、快慢相间、刚柔相济的基本要求，并且增加了技术内容，加大了难度和运动量，具有它的拳路风格特点。

(1)集传统太极拳、八卦掌、形意拳之共同特点为一体。以练气为根本，调息、凝神、静虑、守丹田相结合的气功运拳方法。突显太极“腰”、八卦“步”、形意“劲”的特点。有摆扣走圆的蹚泥步，有进必跟、退必撤的形意步。在习练中，处处体现歌诀中“虚领顶劲气贯顶，含胸拔背注涌泉；沉肩坠肘手划圆，敛臀吊肚沉丹田；松腰松胯下盘功，脚趾抓地如生根”。

(2)套路结构严谨，均衡全面，注意了健身的全面性。整个拳套分为 4 段，各段动作起伏转折较大，有斜线、横线和弧线走向。往返不是直来直去。动作左、右匀称。一些动作都有左式和右式，如野马分鬃、搂膝拗步、掤捋挤按、推窗望月、金丝缠柳、玉女梳妆等。这就克服了原本传统套路偏于一侧、左右不均的现象。两腿负荷基本平衡，如左右虚步，左右蹬、分脚，左右玉女梳妆等。一般性动作除了左右外，很少出现 3 次以上，避免了传统套路中的动作重复。

(3)动作技巧，攻防含意明显，实用性强。静以养神，心静如镜，养精蓄锐，准备战斗；动以腰为轴，带动四肢，处处螺旋，环行无端；以圈招架或半圈攻防。出手后即採挒回收，前臂通常是内外旋转，另一手从腕部下穿拿。一可解脱被对方抓拿住手腕，二也可以抓拿住对方手腕扭拧。两手都是弧形运转消解对方之进攻。如野马分鬃，前手半圈挪击，后手採于裆前为防范对方以脚进攻裆部。搬拦捶：脚踩、左手搬、右手拦是经左拳下拦拿而出，有防有攻。捋挪挤按：将对方之手臂向斜下捋，对方屈臂半圈以挪反攻，捋即变双挪应付对方；同时在内之手即贴紧对方挪手往下按；同时另一手即发，这也是捋挪挤按联用之攻防方法。这就是"九宫八卦太极拳"中的动作与其他太极拳动作之区别。

(4)保留了自身的传统性。"九宫八卦太极拳"与其他流派太极拳的动作名称和练法有所不同，它有单扑掌、推窗望月、勒马式、金丝缠柳捶、玉女梳妆、野马闯槽等。这是原始套路中的动作，仍作为一种文化遗产保留下来。有的动作名称相同，做法有异。如搂膝拗步，在抱球后加上两掌翻转运行，如封似闭，有进步必跟。故此"九宫八卦太极拳"从而形成它的轻灵沉稳、外柔内刚、刚柔相济、弹性展放、刚中寓柔、生动活泼的拳路风格特点。

第二节　主要基本技法

一、手型

（1）拳。五指卷曲，自然握拢，拇指第一指节压于食指、中指第二指节上。不要握得太紧；但也不能松软无力。

（2）掌。五指自然伸直，不宜分开，大拇指微扣，掌心微含；但也不能并得太紧。

（3）勾。五指微屈自然捏拢，屈腕；但不要勾得太紧。

二、手法

（1）挪。臂成弧形，前臂由下（或左或右）向前挪出，斜横于体前，掌心斜向上，手腕高与肩平，肘低于肩；着力点在前臂外侧。大拇指不能上翘。

（2）捋。两臂微屈，两掌斜相对或掌心斜向外，两臂随腰转，带动两掌由前向后划弧，捋至腹侧即变换下势。

（3）挤。“挤”是“捋”的继续，后手贴近前手臂内侧或腕部，高不过肩，低不过胸，着力点在前手臂和后手掌指间。

（4）按。两掌或一掌向前下按推。按推出去的手腕高不过肩，低不过胸，掌心斜向前，掌指尖向上，两掌横距与肩同宽，臂微屈，沉肩坠肘。

（5）採。掌由左（右）旋腕屈指抓拿擒制对方，抓牢拧转反其关节，做到“直中求曲採法精”。

（6）挒。即为弧形消化。掌向斜外侧旋转挒出，运用掌指抖击的一种手法。

（7）肘。以肘尖紧贴对方身体，向左、右横击或向下、向前击出。

（8）靠。是用肩、背、臀、胯以抖弹劲靠击对方。周身使劲完整，不失重心。

（9）抱掌。两掌心上下相对，在体侧或体前成抱球状；上手高不过肩，下手与腰平，两掌撑圆，两臂成弧形，沉肩坠肘。

（10）搂掌。掌经膝前横搂于大腿外侧，掌心向下，指尖向前。

（11）推掌。掌从肩上或腰间向前按推，掌心向前，指尖向上，指高不过眉，低不过肩，臂似直非直，稍带弧形。

（12）架掌。屈臂上举，掌架于额前斜上方，掌心斜向外，指尖斜向右或左。

（13）冲拳。拳从腰间旋转向前或向前下冲出；拳眼向上成立拳，臂微屈，着力点在拳面。

（14）栽拳。拳从上向前下方栽击；栽出后拳面向前下方，虎口向一侧，着力点在拳面。

（15）贯拳。拳从侧下方向斜上方弧形横击，臂微屈，拳眼斜向下，着力点在拳轮。

（16）撇拳。拳从侧下向前撇击，拳心斜向上，高与头平，着力点在拳轮。

三、步型

（1）弓步。前腿屈膝，大腿斜向地面，膝与脚尖基本垂直，脚尖向前，后腿自然伸直，全脚掌着地，脚尖斜向前 45° ~60° 。

（2）马步。两脚平行开立，脚尖正对前方，屈膝半蹲，膝部不超过脚尖，大腿面斜向前，全脚着地，身体重心落于两脚之间。

（3）虚步。后腿屈蹲，大腿面斜向前，全脚着地，脚跟与臀部基本垂直，脚尖斜向前；前腿微屈，用前脚掌或脚跟着地。

（4）仆步。一腿全蹲，全脚着地，脚尖微外展；另一腿自然伸直于体侧，接近地面，全脚着地，脚尖内扣。

（5）歇步。两腿交叉屈蹲，前后相迭，后膝接近前腿膝窝。前脚全脚着地，脚尖外展，后脚跟提起，脚掌着地，脚尖向前。

（6）开立步。两脚平行开立，宽不过肩，两腿直立。

（7）独立步。支撑腿微屈站稳，另一腿屈膝提起于体前，大腿高于腰部。

（8）扣膝平衡。一腿屈膝支撑站稳，全脚着地，另一腿屈膝使脚背置于支撑腿膝窝。

四、步法

（1）上步。后脚向前上一步或前脚向前上半步。

（2）退步。前脚向后退一步。

（3）跟步。后脚向前跟进半步。

（4）插步。一脚经支撑脚后向侧方落步。

（5）摆扣步（蹚泥步）。一脚向另一脚前上一步，以脚前掌向前蹚出着地，脚尖外展或内扣。

（6）九宫步。前脚尖微内扣，后脚尖约成45° 方向，两脚距离约本人三脚长，两腿屈曲，前腿屈膝弓不能超过踝关节，身体重心偏于前脚或两脚距离前1/3。

五、身型

（1）顶平项直，下颚微收。

（2）沉肩坠肘，自然下垂。

（3）含胸拔背，舒松自然。

（4）脊柱中正，自然竖直。

（5）松腰松胯，敛臀吊肚。

六、身法

(1)以腰为轴,旋转松活,带动四肢,上下相随,手随身活,步随身换。

(2)腰为主宰,灵活多变。向左欲向右,向右欲向左;向前欲向后,向上欲向下是身法运用的基本原则。

(3)发劲时,起于脚,发于腰,达于梢,运用全身的完整劲。

七、腿法

(1)蹬脚。支撑腿微屈站稳,另一腿屈膝提起,脚跟蹬出,高过腰部。

(2)分脚。支撑腿微屈站稳,另一腿屈膝提起,脚面绷平,脚尖向前弹出,高过腰部。

(3)前拍脚。支撑腿微屈站稳,另一腿向上摆踢,脚面绷平,手掌在额前迎拍脚面。

(4)摆莲脚。支撑腿微屈站稳,另一腿从异侧踢起,脚面绷平,经面前向外做扇形摆动,两掌在额前依次迎拍脚面,击拍两响。

八、肘法

(1)压肘。前臂竖直,肘向下压。

(2)撞肘。前臂横于胸前,肘向左或右撞击。

(3)滚肘。两手挤式,后手在前手臂抹过经肘部下按,前手边旋转向前按挤。

九、眼法

总的要求练太极拳是思想集中、精神贯注、神态自然。眼是先锋、意念、神态、精神是要通过眼神来体现。手到眼到,眼随手视。定势时,眼平视前方或注视主动之手;换势中眼视手法变化。

第三节　套路动作名称与拳诀

第一段

1.起势

阴阳两仪合太极，吐故纳新起混元。

2.左右野马分鬃

野马分鬃攻防招，扭转乾坤力生效。

3.左右搂膝拗步

缠绕翻掌步向前，按推发劲在掌缘。

4.捋掤挤按

捋掤挤按分右左，两手划圆悟清楚。

5.右撇身捶

两手连环腰上功，沉蓄斜撇显神通。

6.左搬拦捶

进步横踩搬一捶，右掌擒拿左冲拳。

7.如封似闭

穿袖抱月向前按，进步必跟推倒山。

8.肘底横捶

屈肘横格千斤力，横拳击肋伤肾脾。

9.斜身靠

贴身靠打肩腰胯，全身顺劲气势大。

10.勒马式

翻掌採捩腰为轴，意气贯通劲沉托。

11.单扑掌

穿掌划圆双臂叠，上架下扑人后跌。

12.白鹤展翅

白鹤展翅似腾飞，顾盼虚实庭中立。

第二段

13.左右推窗望月

运用手脚同时攻，立身中正脚前蹬。

14.右拍脚

手击脚背清脆响，吓得妖魔无处藏。

15.金丝缠柳捶

金丝缠柳掌捋圆，三盘落地压肘捶。

16.左拍脚

手击脚背又一响，惊动人妖见阎王。

17.金丝缠柳捶

方向相反换了边，慢慢落地左肘捶。

18.十字蹬脚

提膝蹬裆至命亡，双拳横崩意气旺。

19.右拍脚

策马飞蹄前面响，踢头击面命要亡。

20.金鸡独立

单脚着地独立势，轻灵沉稳展两翼。

21.右分脚

提膝蹬脚右前方，双拳反扣向侧攻。

22.单峰贯耳

两臂绕环经腰际，单峰贯耳击太阳。

23.三串捶

三拳巧打下阴穴，连击三捶生命息。

24.护胸捶

双拳绕举两相交，拳分上下护胸腰。

第三段

25.摆扣步双摆掌

青龙返首单换掌，身正步稳似蹚泥。

26.左摆莲脚

异起摆腿似把扇，双手击脚要干脆。

27.左伏虎势

双臂绕环虎抱头，武松打虎气力足。

28.摆扣步双摆掌

青龙返首分左右，技术要领照前做。

29.右摆莲脚

转身扣步右摆莲，两手击脚要准确。

30.右伏虎势

前面伏虎如何做，后面换边一个模。

31.击地捶

两臂绕环坐盘功，一拳下击倒栽葱。

32.右搬拦捶

进步横踩右搬捶，左掌擒採右冲拳。

33.如封似闭

穿袖抱月向前按，进步必跟推倒山。

第四段

34.单鞭下势

拉开单鞭燕抄水，燕子啄泥向上飞。

35.七星掌

左后右前虚步定，掌戳腰肋要亡命。

36.单鞭下势

拉开单鞭燕抄水，燕子啄泥向上飞。

37.裹鞭捶

两手翻旋意气沉，二郎担山马步成。

38.摆扣步转身大捋

摆扣行走要轻灵，腰带四肢自然松。

39.倒撵猴

猿猴扔绳步退行，上下协调腰主动。

40.马步撞肘

两掌採挒马步桩，步到身到肘撞到。

41.擒打

转身出手使擒拿，分筋挫骨把人发。

42.提手

左右划弧掌合力，脚跟着地手上提。

43.右分脚

立稳高悬右腿伸，一架一撑全放松。

44.玉女梳妆

金勾盘腿庭中立，梳妆打扮要出征。

45.左分脚

立稳高悬左腿伸，一架一撑全放松。

46.玉女梳妆

金勾盘腿庭中立，梳妆打扮要出征。

47.指裆捶

转身阴阳拳打裆，神意气力蓄发功。

48.野马闯槽

野马跃涧全无敌，九宫步法六合力。

49.白鹤抖翎

两臂松柔风吹柳，展翅飞翔庭中落。

50.合太极

太极无始亦无终，阴阳相济总归宗。

第四节　套路动作图解及演示路线图

第一段

1.起势

❶ 身体自然直立，两脚并拢，头平项竖，下颚内收，胸腹自然舒松，肩臂松垂，两手轻贴在大腿外侧，意识集中，呼吸自然，眼视前方。（图 2-4-1）

图 2-4-1

❷ 两脚跟提起分开着地，两脚尖外展成开立步，脚尖向前，与肩同宽（图 2-4-2、图 2-4-3）。

图 2-4-2

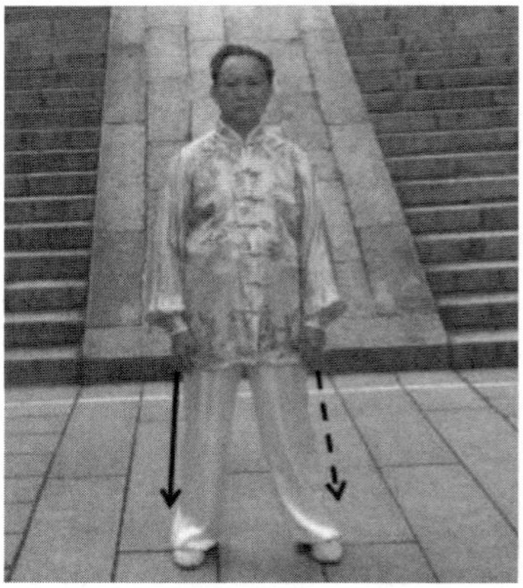

图 2-4-3

❸ 两腿缓慢屈膝全蹲，两手自然松垂于两腿外侧，手不触地，眼视前下方（图 2–4–4）。

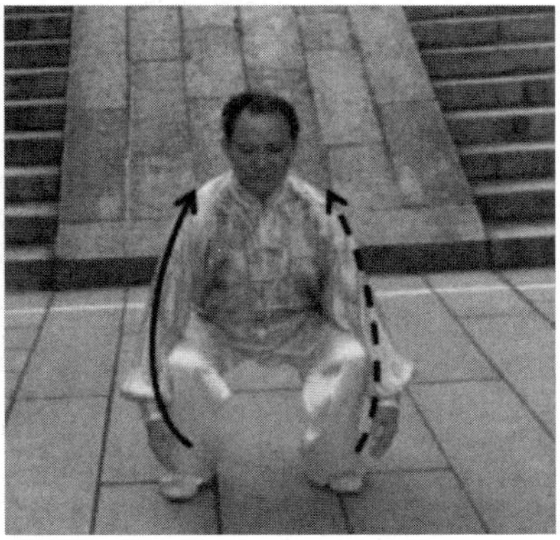

图 2–4–4

图 2–4–5

❹ 两腿缓慢蹬伸直立，两手徐徐向前，向上平举，与肩同高。两臂呈弧形，虎口向上，手指相对，手心向内，眼视前方（图 2–4–5）。

❺ 上体保持正直，两腿缓慢屈膝半蹲；同时两臂内旋，两掌轻轻向下按至腹前，手心向下与膝相对，指尖向前，眼视前下方（图 2–4–6）。

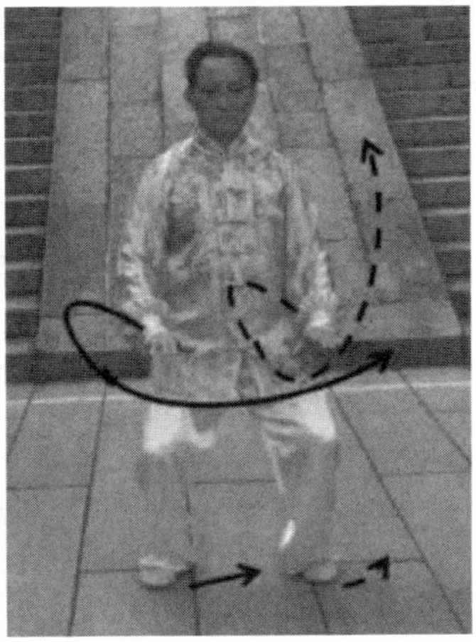

图 2–4–6

要求：屈膝高度要因人而异，能全蹲的一定要全蹲。不要挺胸收腹凸臀，不要耸肩抬肘。屈膝要松腰松胯。两臂下落与身体下蹲的动作要协调一致。

2.左右野马分鬃

❶ 身体先微向右转，再向左转；右脚尖向内扣，左脚尖外展，重心移至左腿，右脚收至左脚内侧，脚尖着地；同时两手微向右划弧后，右手外旋向左划弧至左腹前，手心向上，指尖向左；左手向左划弧上抬屈臂横于左胸前，手心向下，指尖向右，两手心相对成抱球状，眼视左手（图 2-4-7）。

图2-4-7

图2-4-8

❷ 身体微向右转，右脚向右前方上一步（东南方 45°），脚跟轻轻着地，脚尖微翘起；同时左手随之微向右。右手随之微向左，眼视右手（图 2-4-8）。

❸ 身体重心前移成右弓步；同时右臂向前挪出，手腕高与肩平，手心斜向上，指尖向左；左手向下按于裆前，手心向下，指尖向右，眼视右前臂方向（图 2-4-9）。

图 2-4-9

❹ 身体向左转，重心向后移，右脚尖微翘起；同时右手外旋，手心向上、向左前方划弧收于腹前，手心向上，指尖向左；左手向右手臂下穿出向左前方划弧平抹至左侧，高与肩平，手心向下，指尖向左前，眼视左手（图2–4–10）。

图 2–4–10

❺ 身体微向右转，重心移至右脚，左脚收至右脚内侧，脚尖着地；同时两掌向右下捋至腹前，右手内旋向右划弧，上抬屈臂横于右胸前，手心向下，指尖向左；左手臂外旋，手心向上，指尖向右与右手心相对成抱球状，眼视右手(图 2–4–11)。

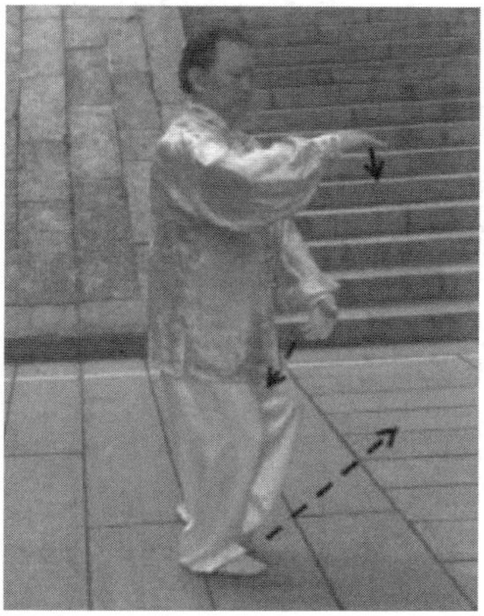

图 2–4–11

❻ ❼动与❷ ❸动方法相同，只是方向相反(图 2–4–12、图 2–4–13)。

❻

图 2–4–12

❼

图 2–4–13

要求：上体不要前俯后仰，身体转动时要以腰为轴。两臂分开时要保持弧形或半圆形。做弓步时，脚尖向前；膝盖不要超过脚尖；后腿自然伸直；两脚跟的横向距离要保持在20~30cm，特别是不能在一条中轴线上。

3.左右搂膝拗步

❶ 身体微向右转，重心稍后移，左脚尖微翘起；同时左手臂外旋，向右前方划弧收于腹前，手心向上，指尖向右；右手向左手臂下穿出向右前方划弧至右前侧举，高略低于肩，手心向下，指尖斜向前，眼视右手方向（图2-4-14）。

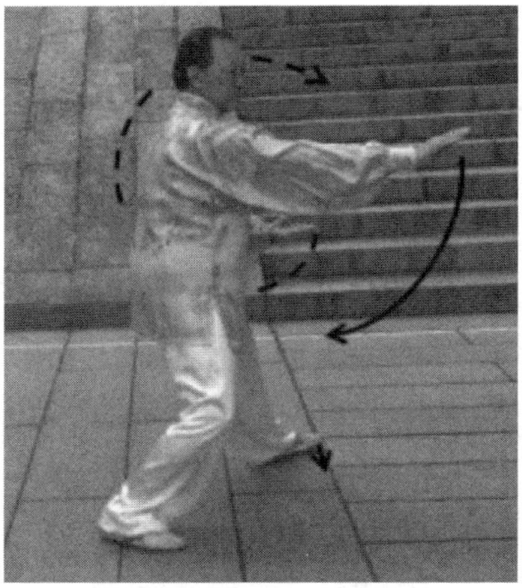

图 2-4-14

图 2-4-15

❷ 身体微向左转，重心向前移成左弓步；同时两手向下捋至腹前，左手臂内旋，上抬屈臂横于胸前，手心向下，指尖向右；右手臂外旋，手心向上，指尖向左与左手心相对成抱球状，眼视左手方向（图2-4-15）。

❸ 右脚收于左脚内侧，脚尖点地；同时两手翻转，右手向上至于左肩旁，手心向外，指尖向上；左手在下，手心向右，指尖斜向下，眼视左手方向（图 2–4–16）。

图 2–4–16

图 2–4–17

❹ 身体微向右转，右脚向前上一步，脚跟着地；同时左手向上划弧至左耳旁，手心向右，指尖向前，右手向下划弧至右膝内侧，手心向下，指尖斜向下，眼视前下方（图 2–4–17）。

❺ 身体重心前移成右弓步；同时左臂内旋慢慢向前按推出，手腕高与肩平，手心向外，指尖斜向上；右手经膝前搂至右腿外侧，手心向下，指尖向前，眼视左手（图 2–4–18）。

图2–4–18

要求：身体不要前俯后仰；按推手时要松腰松胯；沉肩垂肘，坐腕舒掌。搂膝拗步要上下肢协调一致。弓步时两脚跟横距保持 20~30cm。

图 2-4-19

❻ 身体向右转，重心向后移，右脚尖翘起外展；同时右手向右后划弧至右侧举，高与腰平，手心斜向上，指尖斜向右；左手向下与腰平，手心斜向下，指尖斜向左，眼视右手方向（图 2-4-19）。

❼、❽、❾、❿动与❷、❸、❹、❺动方法相同，方向相反，要求一样（图 2-4-20、图 2-4-21、图 2-4-22、图 2-4-23）。

❼

图 2-4-20

❽

图 2-4-21

❾

图 2-4-22

❿

图 2-4-23

4. 捋掤挤按

❶ 身体重心向后移，左脚尖外展；同时左手臂外旋，手心向上至腹前，指尖向右；右手直腕略向下，手心向下，指尖向前，眼视右手方向(图 2-4-24)。

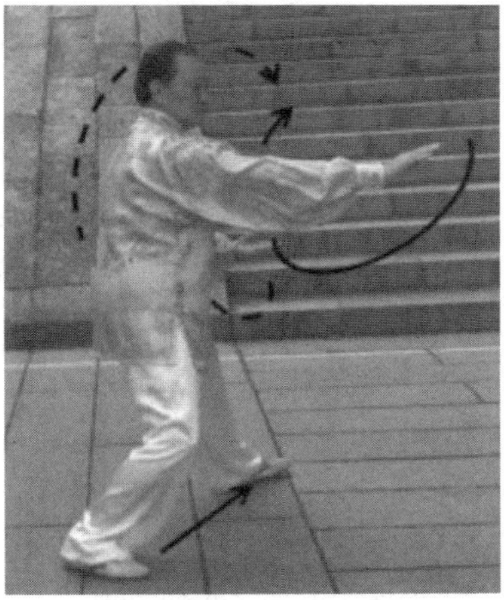

图2-4-24

图2-4-25

❷ 身体微向左转，重心前移至左脚，右脚收至左脚内侧，脚尖点地；同时两手捋至左胯外侧向上划弧，左臂内旋，右臂外旋，屈臂上抬至胸前，右手心向内，指尖向左，左手附于右腕部，手心向外，指尖斜向上，两臂呈弧形状，眼视两手(图 2-4-25)。

❸ 身体向右转，右脚向右前方 45°上一步，脚跟着地；同时两手微向前掤挤，眼视两手(图 2-4-26)。

图2-4-26

❹ 身体重心前移成右弓步；同时左手沿右手腕、臂抹按，两臂内旋向前挤按，右腕高与肩平，手心向前，指尖向上；左手按至右肘下，手心向下，指尖向前，眼视右手(图 2-4-27)。

图2-4-27

❺、❻、❼、❽动与❶、❷、❸、❹动方法相同，方向相反(图 2-4-28、图 2-4-29、图 2-4-30、图 2-4-31)。

要求：捋时要斜下，左手心向上，右手心向下；两手翻转变掤同时收脚，掤挤时脚向前上步，两臂要呈弧形，不要抬肘，挤按时与蹬跟拧腰转胯协调一致。

❺

图2-4-28

❻

图2-4-29

❼

图2-4-30

❽

图2-4-31

5. 右撇身捶

❶ 身体微向右转，重心向后移，左脚尖翘起；同时左手向右前方划弧至左腹侧，手心向上，指尖向右；右手向左手臂下穿出，向右前方划弧至右侧平举，手心向外，指尖向上，眼视左手（图 2-4-32）。

图2-4-32

图2-4-33

❷ 身体重心移至左脚，右脚向左脚内侧上步，脚尖点地；同时右手向下划弧握拳至腹前，拳心向内，左手向左，向上、向右划弧至右上臂内侧，手心向右，指尖向上，眼视右前方（图 2-4-33）。

❸ 右脚向右前方（东南）上一步，脚跟轻轻着地；同时右拳向上举至胸平；拳心向下；左手向下附于前臂，手心向下，指尖向右，眼视右拳（图 2-4-34）。

图2-4-34

图2-4-35

❹ 身体向右转，重心前移成右弓步；同时右拳向右前方翻转撇打出，拳高与头平，拳心斜向上；左手变拳置于右前臂内侧，拳心向下，眼视右拳（图 2-4-35）。

要求：撇拳前的两手划弧要与重心移动协调一致。整个动作要注意腰胯的运转。撇打拳的劲力要完整协调，劲到拳轮。

6.左搬拦捶

❶ 身体微向右转，重心向后移，右脚尖翘起；同时两拳变掌，右手向左前方划弧经腹前向右侧举，高与腰平，手心向上，指尖向右；左手向右臂下穿出向左前方划弧至左侧举，高略低于肩，手心向下，指尖向左，眼视右手（图 2-4-36）。

图 2-4-36

❷ 身体微向左转，重心前移；左脚向右脚内侧上步，脚尖点地；同时左手握拳向下划弧至腹前，拳心向内；右手向上、向前划弧至左前臂外侧，手心向下，指尖向左，眼视左前下（图 2-4-37）。

图2-4-37

图2-4-38

❸ 左脚向左前方上一步，脚跟轻轻着地；同时左拳向上翻转向前搬出，拳心向上，高与肩平；右手向下按于腹前，手心向下，指尖向左，眼视左拳（图 2-4-38）。

❹ 重心前移，左脚踏实，右脚向左脚内侧上步，脚尖点地；同时右手向前经左腕下拦出，高略低于肩，手心向下，指尖向前；左拳弧形回收于左腰间，拳心向上，眼视右手（图 2-4-39）。

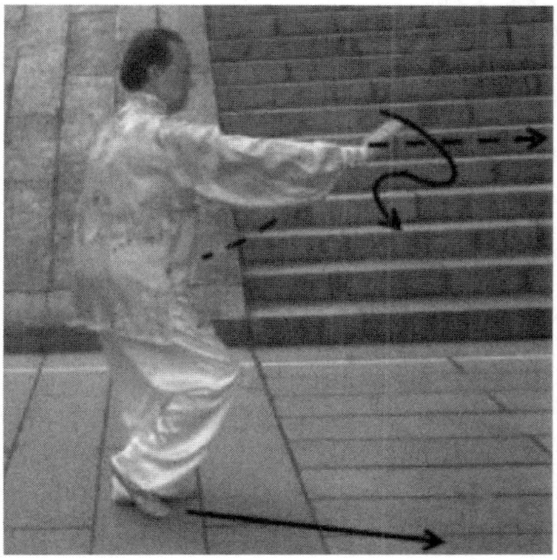

图2-4-39

❺ 右脚向右前方上一步成右弓步；同时右手向左划小弧，左拳向前经右腕打出，高与肩平，拳眼向上；右手在左前臂下，手心向下，指尖向左，眼视左拳（图 2-4-40）。

图2-4-40

要求：两手划弧相交时，前后左右要对称，与腰运转、重心移动要协调一致。搬拳时左前臂外旋。左拳搬出再回收时，要与右掌拦出配合协调。左拳向右稍带弧形，右掌拦向左稍带弧形，不要直来直往。整个动作具有攻防兼备的意思。

7.如封似闭

❶ 身体重心微向后移；同时右手向左腕下向前伸，左拳变掌，两掌翻转向上，缓慢分开与肩同宽，高略低于肩，两掌心向上，指尖向前，眼视两手(图 2-4-41)。

图2-4-41

❷ 身体重心后移，右脚尖翘起；同时两掌内旋，手心相对，缓慢收于胸前，指尖向上，眼视两手前方（图 2–4–42）。

图2–4–42

图2–4–43

❸ 身体重心前移，右脚向前上半步，左脚跟半步成九宫步；同时两掌内旋向下经腹前按推出，腕高与肩平，手心向前，指尖向上，眼视两手前方（图 2–4–43）。

要求：重心后移与右手前伸要同时，两掌翻转同时要缓慢分开，两掌回收时，要边收边内旋，要以两肘牵引。上步与九宫步按推出要协调一致。整个手形动作要划弧，没有直线可言。

8.肘底横捶

图2–4–44

❶ 身体先微向左转，再微向右转；重心后移，右脚尖翘起；同时两掌向左下捋经腹前捋至右下侧握拳，拳心向内，眼视右下方（图 2–4–44）。

❷ 身体重心前移，右脚踏实，左脚向右脚前上一步，脚跟轻轻着地；两拳向右后牵引拳心向内，眼视前方（图 2–4–45）。

图2–4–45

图2–4–46

❸ 身体重心前移成左弓步；同时左拳向前上格出，拳心向内，高与眼平，右拳横击至左肘下，拳心向内，眼视左拳（图 2–4–46）。

要求：腰要灵活，虚实清楚。两掌划弧捋时，左臂先内旋后外旋，右臂相反。要先格后横捶，上下肢要协调配合，劲力完整。

9.斜身靠

❶ 身体微向左转，重心后移，左脚尖翘起外展；同时两拳变掌，右掌向左臂外侧，向右上划弧至右前上方。高与头平，手心向外，指尖斜向上；左掌向下经腹前划弧至左体侧，高与腰平，手心向下，指尖向前，眼视右手方向（图 2–4–47）。

图2–4–47

❷ 身体微向左转，重心前移，右脚向左脚内侧上步，脚尖点地；同时右手向下划弧至腹前，手心向上，指尖向左；左手向上划弧至右肩旁，手心向下，指尖向右，眼视右前方（图2-4-48）。

图2-4-48

图2-4-49

❸ 身体微向右转，右脚向右上步成右侧弓步（向东偏南）；同时两掌分别向左、右撑开。右手臂成弧形向右手撑举，高与头平，手心向左，指尖向前；左掌向左侧撑举，高略低于肩，手心向外，指尖向上，眼视左前方（图2-4-49）。

要求：两手划弧要对称，脚下虚实要分明；侧弓步上体不要故意向右倾倒；两掌撑开时右臂、肩要有靠劲。注意松肩松胯。整个动作完成胸向北偏东。

10.勒马式

❶ 身体向右转，重心移至左脚，右脚尖翘起；同时两手划弧侧举，两臂成弧形，两手略低于肩；两手心均向上，指尖分别向左、向右，眼视右手（图2-4-50）。

图2-4-50

❷ 身体向左转，重心移至右脚，脚尖内扣，胸向北，左脚经右脚内侧向左前方上步成左虚步；同时右手臂内旋上举与耳同高，向前推出，腕高与肩平，手心向前，指尖向上；左掌向右划弧内旋回收于左肩外侧，高与耳平，手心向内，指尖向前，眼视右掌（图 2-4-51）。

图2-4-51

要求：腰要左、右拧转带动两臂内旋划弧。两脚虚实分明，虚步要屈膝下蹲，整个动作完成面向北方。

11.单扑掌

❶ 身体向左转，左脚向右脚后退一步，脚尖向西，右脚尖内扣与左脚平行；同时两手向下分别向左、右划弧至腹前交叠，左手在右腕上方，手心向内，指尖向右；右手心向内，指尖向左，眼视前下（图 2-4-52）。

图2-4-52

❷ 身体向左转，胸向南，重心移至右脚，左脚向前上一步，脚跟轻轻着地；同时右手上举高于头，臂成弧形，手心向左，指尖斜向前；左手经腹前至右腰间，手心向上，指尖向前，眼视前方（图 2–4–53）。

图2–4–53

图2–4–54

❸ 身体重心前移成左弓步；同时右臂内旋掌翻转架于头上方，手心斜向上，指尖向左，左掌内旋向前扑出，高与肩平，手心向前，五指稍屈。眼视前方（图 2–4–54）。

要求：两手交叉划弧要对称两个立圆，转腰要虚实分明，扑掌时上体不要过于向前，上下协调，周身完整一气。

12.白鹤展翅

❶ 身体向右转，左脚尖内扣，右脚收于左脚内侧，脚尖点地；同时两手向下划弧至胸前交叠，右手在外，手心均向内，指尖分别斜向左、右，眼视两手（图 2–4–55）。

图2–4–55

图2-4-56

❷ 身体微向左转，右脚向右上一步，左脚向右前方上一步，脚前掌着地成左虚步；同时两掌向下分别向左、右划弧展开。两臂内旋成弧形。右手高与头平，手心向外，指尖斜向上；左手高与左胯平，手心向下，指尖向前，眼视前方（图2-4-56）。

要求：一般虚步要两腿屈蹲，但中老年人根据各人的身体状况不硬性规定高低。展开时要柔和舒展，不要硬撑，展臂与虚步前着地要协调一致，脚到手停。整个动作完成后，胸与脸向西方。

第二段

13.左右推窗望月

❶ 身体先微右转再微左转，左脚经右脚内侧向左前方上一步，脚跟轻轻着地；同时右手向下经腹前向左手腕下穿出划弧至右前方平举，手心向下，指尖向右前方；左手翻转向上，向右划弧至右臂肘下，手心向上，指尖向右前方，眼视右手（图2-4-57）。

图2-4-57

图2-4-58

❷ 身体重心前移成左弓步；同时两手向左下捋至腹左侧，右手心向上，指尖向左，左手向左上划弧，屈臂横于胸前，手心向下，指尖向右，两手心相对成抱球状，眼视左手（图 2-4-58）。

❸ 身体重心移至左脚支撑站稳，右脚屈膝上提向前蹬脚，脚尖上勾，高不低于胯；同时右臂内旋上举架于头上方，手心向外，指尖斜向上；左手外旋向下经腰间向前推出，高与胸平，手心向外，指尖向上，眼视前方（图 2-4-59）。

图2-4-59

❹ 右推窗望月方法同左推窗望月，方向相反（图 2-4-60、图 2-4-61、图 2-4-62）。

图2-4-60

图2-4-61

图2-4-62

要求：两手的运转要以腰为主宰。蹬腿时上体要保持正直，不要前俯后仰。支撑腿与蹬腿不宜挺直僵硬，力达脚跟。整个动作要周身协调，一气呵成。胸向西。

14.右拍脚

❶ 与左推窗望月❶ 动方法相同(图 2-4-63)。

图2-4-63

图2-4-64

❷ 身体重心前移成左弓步；同时右手向右、向下，经腹前向上划弧至胸前，手心向内，指尖斜向左；左手向下，经腹前向左上划弧至胸前与右腕部交叠，手心向内，指尖斜向右，左手在内，眼视两手(图 2-4-64)。

图2-4-65

❸ 身体重心前移，左脚支撑站稳，右脚向上直摆踢，脚背展平；同时两臂内旋，右掌向前上迎击右脚背，高不低于肩；左掌向左侧平举，手心向下，指尖向左，眼视右手、右脚方向（图 2-4-65）。

要求：两腿要伸直，拍脚背要准确。上体不要前俯，头不能低或抬，上体保持正直。

15.金丝缠柳捶

❶ 右脚屈收下落，经左脚内侧向右前方上一步（西北），左脚向右脚内侧上步，脚尖点地；同时两手向下，经腹前向右侧划弧至右体侧；高与腰平，手心均向外，指尖向前，眼视两手方向（图 2-4-66）。

图2-4-66

图2-4-67

❷ 身体微向左转，左脚向左前方（西南）上一步成左弓步；同时两掌翻转，左臂内旋，右臂外旋向左侧划弧捋至左体侧，高与腰平，两手心均斜向下，指尖斜向下，眼视两手（图 2-4-67）。

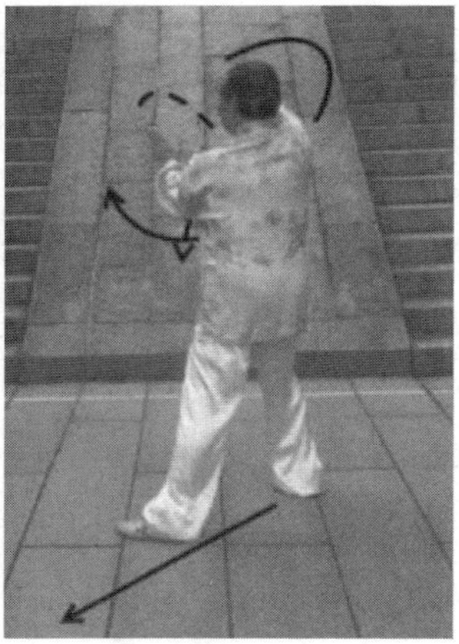
图2-4-68

❸ 身体微向右转，重心移至右脚成右弓步；同时两掌翻转，右臂内旋，左臂外旋向上划弧至右前方，左手高与肩平，右手高与头平，眼视两手方向(图 2-4-68)。

❹ 身体重心移至左脚，右脚向左脚后插步屈膝全蹲成歇步，面向西北；同时两手握拳，右臂外旋屈肘向前下格压，拳与眼平，拳心向内；左拳收至左腰侧，拳心向上，眼视右拳(图 2-4-69)。

图2-4-69

要求：两手捋划圆圈顺逆时针先小后大，整个动作要缓慢、连贯、一气呵成，周身完整、协调一致。

16.左拍脚

图2-4-70

方法同右拍脚、方向相反，要求相同（图 2-4-70、图 2-4-71、图 2-4-72）。

图2-4-71

图2-4-72

17.金丝缠柳捶

方法同“15.金丝缠柳捶”，方向相反，要求相同（图 2-4-73、图 2-4-74、图 2-4-75、图 2-4-76）。

图2-4-73

图2-4-74

图2-4-75

图2-4-76

18.十字蹬脚

❶ 身体微向右转,左脚向左前方上一步,右脚向左脚内侧上步成并步,两腿屈膝半蹲;同时两拳在胸前交叠,右拳在外,两拳心向内,眼视两拳(图 2-4-77)。

图2-4-77

图2-4-78

❷ 身体重心移至右脚支撑站稳,左脚提膝向前蹬出,勾脚尖;同时两拳分别向左,右侧崩开,两拳高略低于肩,拳心均向前,眼视前方(图 2-4-78)。

要求:上体要保持正直,不前俯后仰。两拳在腕部交叠。蹬脚高不低于胯,胸向西。

19.右拍脚

❶ 左脚屈膝下落,经右脚内侧向左前方上一步;同时两拳变掌向前划弧至胸前,两掌交叠,右掌在外,两手心向内,指尖分别斜向左、右,眼视两手(图 2-4-79)。

图2-4-79

图2-4-80

❷ 与 14 动右拍脚方法相同，要求一样（图 2-4-80）。

20.金鸡独立

图2-4-81

接上式，右脚屈膝上提，膝部不低于胯；同时右臂外旋屈肘前举，腕与肩平，手心向左，指尖向上；左手向下划弧合于右肘下，手心向右，指尖向前，眼视右手（图 2-4-81）。

要求：要坚持站稳，保持上体正直。

21.右分脚

图2-4-82

❶ 左脚支撑站稳，右脚不下落；同时两掌变拳在腹前交叠，拳心均向内，左拳在内，眼视前方（图 2-4-82）。

❷ 右脚向右前方(西北)分出，脚展平，高不低于胯；同时两拳分别向左、右反扣，拳心均向上，两臂微屈，拳略低于肩，眼视右拳方向(图 2–4–83)。

图2–4–83

要求：上体保持正直。两臂成弧形反扣拳与分脚要协调一致，足到、拳到、劲力到。身体微向右转，分脚的方向为西北约 30°。

22.单峰贯耳

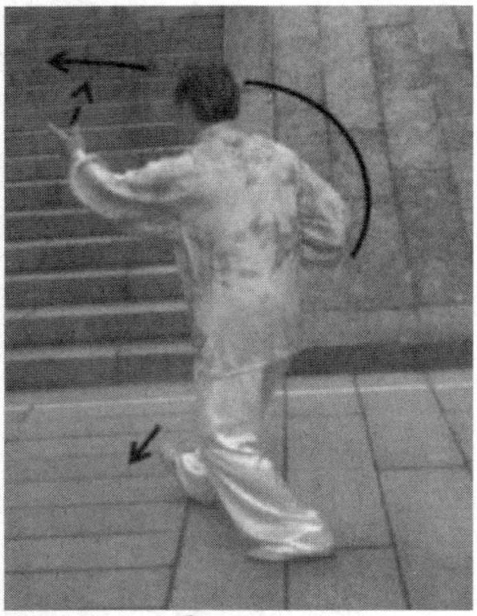

图2–4–84

❶ 身体微向右转，右脚屈膝下落向右前方上一步，脚跟轻轻着地；同时右拳向下收于右腰间，拳心向上，左拳变掌向前划弧至胸前，高与肩平，手心向右，指尖向前，眼视前方(图 2–4–84)。

❷ 身体重心前移成右弓步；同时右拳内旋向右，向前上方划弧至右前方贯出，拳高与耳平，拳心向外，虎口向下，左手合于右前臂外侧，手心向外，指尖斜向上，眼视右拳(图 2–4–85)。

图2–4–85

要求：单峰贯耳式的身体方向和弓步与右分脚方向相同。右拳松握，沉肩坠肘，两臂保持弧形。

23.三串捶

图2-4-86

❶ 身体重心移至右脚，左脚经右脚内侧向左前方上一步（向西偏南），脚跟轻轻着地；同时右拳外旋划弧收至右腰间，拳心向上；左掌向左膝上方划弧搂出，高与胯平，手心向下，指尖向前，眼视前下（图 2-4-86）。

❷ 身体重心前移成左弓步；同时右拳向前下打出，高与胯平，拳眼向上；左掌划弧，捌握拳收至左腰间，拳心向上，眼视右拳方向（图 2-4-87）。

图2-4-87

❸ 方法同❶、❷动，连打两拳（图 2–4–88、图 2–4–89）。

图2–4–88

图2–4–89

❹ 重复❶ 、❷动（图 2–4– 90、图 2–4–91 ）。

图2–4–90

图2–4–91

要求：打拳的方向，第一拳向西偏南，第二拳向西偏北，第三拳同第一拳。弓步的两脚跟横向距离 20~30cm。

24.护胸捶

图2-4-92

❶ 身体向左转，左脚尖外展，右脚向左脚前上一步，脚尖内扣，两脚尖平行向南；同时两拳在腹前交叉，右臂在外，拳心均向内，眼视两拳(图 2-4-92)。

❷ 身体向右转，重心右移，脚尖外展，成右弓步；同时右拳向上，向右划弧至右侧举，高与肩平，拳眼向上，左拳向左侧举，拳高与胯平，拳眼向上，眼视右拳(图 2-4-93)。

图2-4-93

图2-4-94

❸ 身体向左转，右脚尖内扣；同时右拳向下、向左划弧至左腹前，拳心向内，左拳向下划弧至腹前与右拳相叠，拳心向内，右拳在外，眼视两拳(图 2-4-94)。

图2-4-95

❹ 身体微向右转，两腿屈蹲成马步，胸向南；同时两拳顺时针相互绕转至左拳在上，高与肩平，拳心向内；右拳高与胸平，拳心向内，眼视左拳（图 2-4-95）。

要求：肩、腰、胯放松，两拳要松握，两臂要划立圆。上体不要故意扭晃，沉肩坠肘，两拳护在胸前，马步下蹲不要凸臀，做到提肛吊肚，气沉丹田。整个动作完成后，面与胸向南。

第三段

25.摆扣步双摆掌

❶ 身体微向左，再向右转，右脚尖外展，左脚向右脚内侧上步，脚尖相对，两膝屈蹲成八字步；同时两拳变掌内旋向左，向下经腹前向右，向上划弧至左前方摆出，左腕高与肩平，手心向外，指尖向上；右手在左肘内侧，手心向外，指尖向上，眼视左手（图 2-4-96）。

图2-4-96

❷ 左脚向右脚前上一步，脚尖外摆；右脚向左脚前上一步，脚尖内扣；同时两手不变。按此方法，共走 6 步，轨迹成大半圆形（图 2–4–97、图 2–4–98、图 2–4–99、图 2–4–100、图 2–4–101、图 2–4–102）。

图2–4–97

图2–4–98

图2–4–99

图2–4–100

图2–4–101

图2–4–102

要求：上体要自然直立，不要挺腹、凸臀，两肩下沉、两臂呈弧形。走步时，左脚摆，右脚扣，走步似蹚泥，保持轻松自然。全身放松。略沉胯拧腰，有一股蓄劲。按图 2-4-103 的走向，整个动作走到第六步，胸向北。

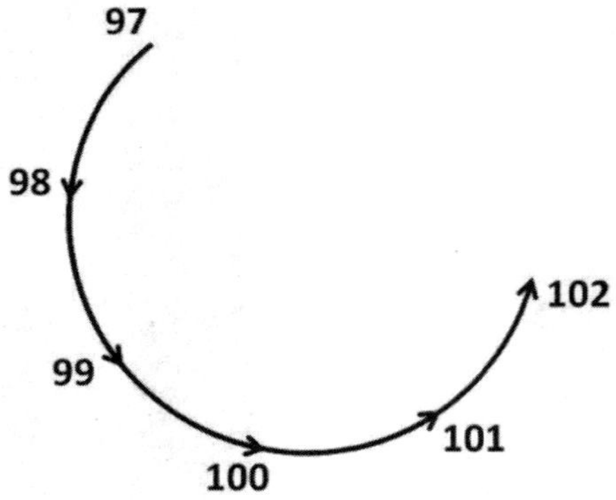

图2-4-103

26.左摆莲脚

❶ 身体微向右转，重心移至右脚支撑站稳，左脚提起向右、向上、向左作扇形外摆，脚背展平；同时两掌自左前向右平摆，在头前右先左后依次击拍左脚背，眼视两手（图 2-4-104）。

图2-4-104

图2-4-105

❷ 右脚支撑站稳，左小腿屈收提膝于左体前，脚尖向下；同时两手继续右摆至右体侧，右手略高于肩，手心向下，指尖向右，左手在右肩内侧，手心向下，指尖向右，眼视右手（图 2-4-105）。

要求：两腿不能弯曲，外摆腿不得低于胸，击响不能落空，要准确、响亮、干脆。上体不能歪斜摇晃。

27.左伏虎势

❶ 右腿屈膝，左脚向左侧下落，脚尖内扣成右弓步；同时两掌向右前方推出，手心均向右，指尖斜向上，右手高与肩平，左手略低于肩，眼视两手方向（图 2–4–106）。

图2–4–106

图2–4–107

❷ 身体向左转，重心移至左脚成左弓步；同时两手向下经腹前向左划弧至左体侧，高度在腰、胯之间，手心均向下，指尖斜向下，眼视左手方向（图 2–4–107）。

❸ 身体微向右转，胸向西南；同时左手握拳向上、向右划弧于左额前上方，拳心向外，拳眼向下，右手握拳屈肘收至左肋前，拳心向内，拳眼向上，两拳眼相对，眼视右前方（图 2–4–108）。

图2–4–108

要求:两臂动作要与转身协调配合,不可上下脱节,也不要挺胸直臂,两臂呈弧形。整个动作要注意腰的转动。完成伏虎,胸向西南。

28.摆扣步双摆掌

方法与第25动相同,方向相反,要求一样(图2-4-109、图2-4-110 、图2-4-111、图2-4-112、图2-4-113、图2-4-114 、图2-4-115)。

图2-4-109

图2-4-110

图2-4-111

图2-4-112

图2-4-113

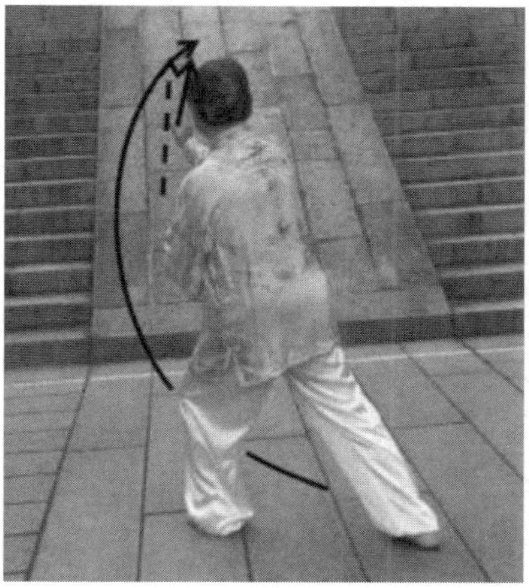

图2-4-115

图2-4-114

图 2-4-116 为整个动作的走向图。

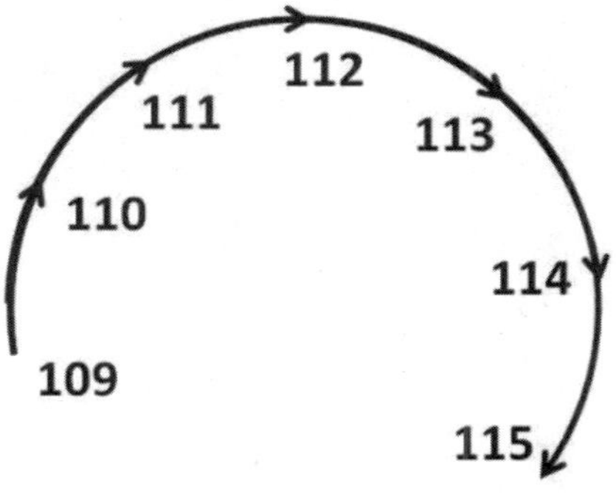

图 2- 4-116

29.右摆莲脚

方法与"左摆莲脚"相同，方向相反，要求一样（图 2-4-117、图 2-4-118）。

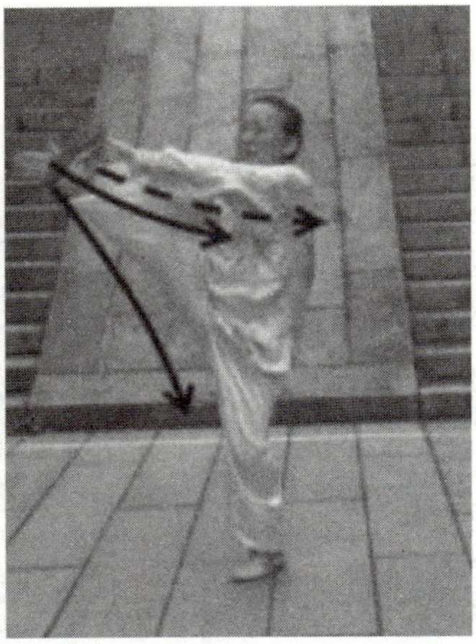

图2-4-117

图2-4-118

30.右伏虎势

方法与"左伏虎势"相同，方向相反。要求右脚向左脚后退一步，身体向右转180°，成右弓步，胸对东北（图 2-4-119、图 2-4-120、图 2-4-121）。

图2-4-119

图2-4-120

图2-4-121

31.击地捶

图2-4-122

❶ 身体向右转，重心移至左脚，右脚尖翘起；同时左拳变掌向上经右手腕部向上划弧至左前上举，高于头部，手心向外，指尖斜向上；右拳变掌向下、向右划弧至右后侧，手高胯平，手心向后，指尖斜向下，眼视右手方向（图2-4-122）。

❷ 身体微向左转，右脚踏实，左脚向右脚前上一步，脚尖外展，两腿全蹲成歇步；同时两手继续划立圆至胸前握拳交臂，左拳在外，拳心均向内，继右拳内旋向下击，拳高与踝平，拳眼向内；左拳向上举，高于头，拳眼向右，眼视右拳（图2-4-123）。

图2-4-123

要求：两臂划立圆对称协调。下栽拳与歇步协调，直臂内旋，上体不要故意前俯，也不要挺直。动作完成时，胸向东北。

32.右搬拦捶

方法与“左搬拦捶”相同，方向相反，要求一样（图2-4-124、图2-4-125 、图2-4-126）。

图2-4-124

图2-4-125

图2-4-126

33.如封似闭

方法与第 7 动相同，左脚在前，要求一样（图 2–4–127、图 2–4–128、图 2–4–129、图 2–4–130）。

图2–4–127

图2–4–128

图2–4–129

图2–4–130

第四段

34.单鞭下势

图2-4-131

❶ 身体微向左转，右脚经左脚内侧向右横开一步，脚跟着地；同时右手向右下划弧至腹前，手心向左，指尖斜向下；左手掌外旋，手心向右，指尖斜向上，眼视左手（图 2-4-131）。

❷ 身体微向右转，右脚踏实，左脚向右脚内侧上步，脚尖着地，两腿微屈；同时右手向左上、向右划弧至右侧举，掌变勾手，勾尖向下，向东南，腕略高于肩，左手附于右前臂内侧，手心向外，指尖斜向上，眼视右勾手（图 2-4-132）。

图2-4-132

图2-4-133

❸ 身体向左转，胸向北，右脚屈蹲，脚尖内扣，左脚向左侧上一步，腿伸直接近地面，再屈膝（过渡仆步）成左弓步；同时左手向下经右膝前向前穿出，手心向右，指尖向前，高与肩平。右勾手斜后举，勾尖向上，眼视前方（图 2-4-133）。

要求：单鞭下势时，重心下沉，落臂变过渡仆步，上体不要前俯。

35.七星掌

图2-4-134

身体微向左转，左脚尖外展，右脚向左脚前上一步，脚前掌着地成虚步；同时右勾变掌向下，经腹前向、前上穿出，手高与肩平，手心向左，指尖向前；左肘微屈回收于右前臂内侧，手心向右，指尖向前，眼视右手（图 2-4-134）。

要求：右勾变掌后，臂要外旋，使手心向内、向前穿出，上体不要前俯，不要凸臀。屈腿，虚实分明。胸向北。

36.单鞭下势

方法与第 34 动相同，方向相反，要求一样（图 2-4-135、图 2-4-136、图 2-4-137）。

图2-4-135

图2-4-136

图2-4-137

37.裹鞭捶

图2-4-138

❶ 身体重心移至右脚支撑站稳，左脚收至右脚内侧，脚尖不触地；同时两手变拳，左拳在外与右腕在胸前交叠，拳心均向内，眼视两拳（图 2-4-138）。

❷ 身体微向左转，左脚向左横开一步成左侧弓步；同时两拳内旋向下经腹前分别向左、右侧举，拳高略低于肩，两拳心均向下，眼视左拳（图 2-4-139）。

图2-4-139

❸ 身体向右转，胸向北，左脚尖内扣成马步；同时两拳外旋向上分别向左、右下压肘，拳高与肩平，两拳心向内，眼视前方(图2–4–140)。

图2–4–140

要求：整个动作要连贯、协调。腰、胯要灵活。马步不要凸臀。上体不要前俯。

38.摆扣步转身大捋

❶ 身体微向左转，重心移至左脚，右脚向左脚内侧收拢，脚尖点地；同时两拳变掌，掌心向外，两掌向上，向右、向下、向左划弧至左体前，左手高与肩平，手心向左；右手高与腰平，手心向左，指尖向前，眼视左手方向(图2–4–141)。

图2–4–141

图2–4–142

❷ ❷动与❶动方法相同，方向相反。右脚向右侧横开一步(图2–4–142)。

图2-4-143

❸ 身体微向左转，左脚向左前方上一步，脚尖外摆；同时两手翻转，手心向外，指尖向右，高略低于肩。眼视两手方向（图 2-4-143）。

❹ 右脚向左脚前上一步，脚尖内扣，同时两手不变。

按❸、❹再走四步，共走 6 步成大半圆（图 2-4-144、图 2-4-145、图 2-4-146、图 2-4-147、图 2-4-148）。

图2-4-144

图2-4-145

图2-4-146

图2-4-147

图2-4-148

❺ 身体重心移至右脚，左脚向前上一步，脚前掌着地，两腿屈膝成左虚步；同时两掌向前划弧至胸前，左腕高与肩平，手心向右，指尖斜向上，右手合于左臂内侧，手心向左，指尖斜向上，眼视左手（图 2-4-149）。

图2-4-149

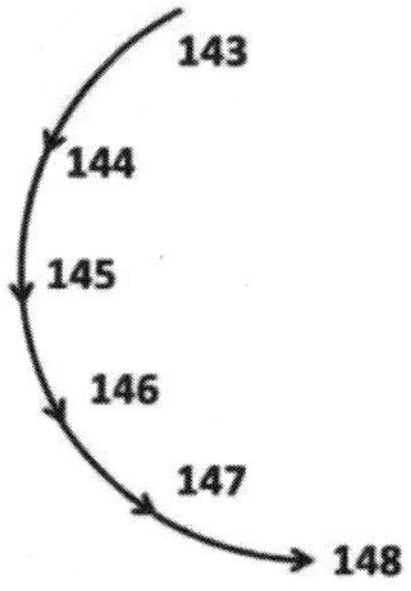

图2-4-150

要求：摆扣步行走与前面的相同。步走、手捋要协调一致。两臂呈弧形，要松肘、松肩。整个动作完成时，胸向东（图 2-4-150）。

39.倒撵猴

❶ 身体向右转，左脚跟外展；同时右手向下经腹前向后上划弧平举，手心向外，指尖向右，左手向下与肩平，手心斜向下，指尖向左，眼视右手（图2–4–151）。

图2–4–151

图2–4–152

❷ 身体微左转，左脚缓慢提起；同时两手外旋翻掌与肩平，手心均向上，指尖分别向前、向后，眼视左手(图2–4–152）。

❸ 身体微向左转，左脚向后偏左退一步；同时右手屈肘上举至耳侧，手心向前，指尖向上；左手不变，眼视左手（图2–4–153）。

图2–4–153

图2-4-154

❹ 身体微向左转，重心移至左脚，右脚跟外展，脚前掌着地成右虚步；同时右手向前下按推出，高略低于肩，手心向前，指尖向上，左手屈肘收至左腰间，手心向上，指尖向前，眼视右手（图 2-4-154）。

左倒撵猴的方法与右倒撵猴相同，方向相反。（图 2-4-155、图 2-4-156、图 2-4-157、图 2-4-158）。

要求：以腰为主宰带动四肢运转。两手划弧走圆，没有直推或直回抽，两臂随转体内外旋转划弧，速度均匀，要松腕、松肘、松肩，松胯。前脚随转体以脚前掌捻转，使脚尖向前。退步时，脚前掌先着地，慢慢全脚踏实，退左脚略向左侧，避免使两脚落在一条直线上。整个动作要柔和、缓慢、轻灵、连贯、周身协调一致。

图2-4-155

图2-4-156

图2-4-157

图2-4-158

40.马步靠撞肘

❶ 身体向右转，左脚尖内扣，右脚尖外摆，胸向西；同时右手向前划弧平举手心向下，指尖向前；左手向下臂内旋，高与腰平，手心向上，指尖斜向下，眼视右手（图 2-4-159）。

图2-4-159

图2-4-160

❷ 身体向右转，右脚尖外展，重心移至右脚，左脚屈膝提起，脚收至右膝窝；同时右手向下，向右划弧至右体侧，手高与胯平，手心向下，指尖斜向右；左手向下经左胯侧向上划弧举至头上方，手心向右，指尖向上，眼视前方（图 2-4-160）。

❸ 身体微向右转，再微向左转，左脚向左横开一步成马步（胸向北）；同时左手向右下屈肘握拳，经胸前向左靠撞肘，肘尖与腋平，前臂横于胸侧，拳心向下；右手向上划弧，臂成弧形架于头前额上方，手心向外，指尖向左，眼视左肘方向（图 2–4–161）。

图2–4–161

要求：腰要灵活左、右转动。马步与靠撞肘要同时，协调一致，靠撞劲要完整，劲达肘尖。上体不要前俯、扭转、保持胸向北。

41.擒打

❶ 右脚经左脚内侧向后退一步，脚前掌着地；同时右手向下经腰部至臀后，下插手心向外，指尖向下；左拳外旋至左腰间，拳心向上，眼视前下（图 2–4–162）。

图2–4–162

图2–4–163

❷ 身体向右转，胸向南，左脚尖内扣；右脚跟内扣，重心前移成右弓步；同时右手臂外旋向前至右膝上方，手心向下，指尖斜向下，左拳不变；眼视右手（图 2–4–163）。

❸ 左脚向右脚前上一步，脚尖外展，两腿交叉屈膝全蹲成歇步；同时右手拿抓握拳至膝平，拳心向下，拳眼向内，左拳向下经右拳背向前打出，拳心向上，拳眼向左；眼视两拳方向（图 2-4-164）。

图2-4-164

要求：上步时，腰微向左转，打拳时，腰微向右转，穿掌、划弧、臂外旋，擒拿要连贯圆活。上体不宜挺直，歇步胸向南。

42.提手

图2-4-165

❶ 两腿蹬伸，右脚向左脚前上一步，脚尖外展；同时两拳变掌，右手向上划弧右侧平举，手心向下，指尖向右；左手向左下划弧至左体侧，手心向后，指尖向下，眼视前下(图 2-4-165)。

❷ 左脚向右脚前上一步，脚跟着地成左虚步；同时左手向前上划弧上提，腕高与肩平，手心向右，指尖向上；右手向右下划弧至腹前上提，手高与左肘平，手心向左，指尖斜向上，眼视左手(图 2-4-166)。

图2-4-166

要求：两腿屈蹲，左脚尖稍翘起，上体正直，两掌均是侧立掌，上提时，两臂外旋有一股合劲。整个动作完成时，胸向南偏西。

43.右分脚

图2-4-167

❶ 身体重心前移，左脚踏实，右脚向左脚内侧上步，脚尖点地；同时右手向上经左手腕部、向左、向上、向右下划立圆至胸前，手心向内，指尖斜向左；左手向下、经腹前向左、向上划立圆至胸前与右腕交叠，左手在内，手心向内，指尖斜向右，眼视两手（图 2-4-167）。

❷ 左脚支撑站稳，右脚提起向右前方（正西偏南）慢慢踢出，脚背展平；同时右手向下经腰间向右前推出，与右脚方向一致，手高与肩平，手心斜向前，指尖斜向上；左手向上举架于头上方，手心向外，指尖斜向上，眼视右手方向（图 2-4-168）。

图2-4-168

要求：两手划立圆要对称。架、推、两臂内旋弧形运转。分脚要慢、要稳，高不低于胯，上体保持自然正直，不要弯腰低头。

44.玉女梳妆

图2-4-169

身体微向左转，右脚屈膝收小腿使脚背紧贴左膝窝内,左腿屈蹲;同时左掌变勾向左划弧侧平举，勾尖向下；右手向下经腹前向左、向上划弧,架于头上方,手心向上,指尖向左,胸向南,眼视左手(图 2-4-169)。

要求:独立支撑要稳,两腿屈膝成扣膝平衡。

45.左分脚

方法与右分脚相同,方向相反,要求一样(图 2-4-170 、图 2-4-171)。

图2-4-170

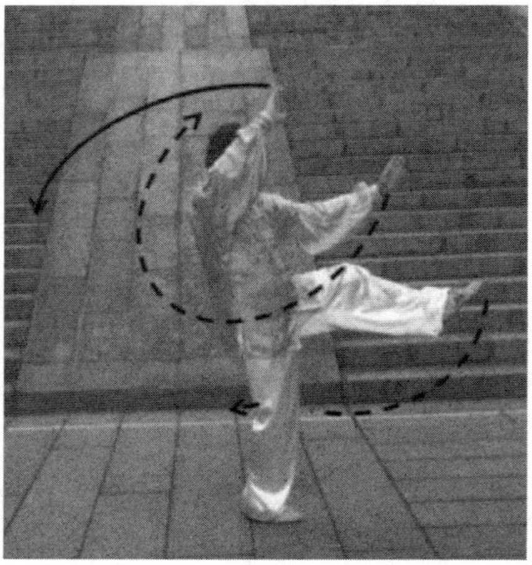

图2-4-171

46.玉女梳妆

图2-4-172

方法与第 44 动“玉女梳妆”相同,手、脚方向相反,要求一样(图 2-4-172)。

47.指裆捶

图2-4-173

❶ 身体向左转,左脚向右侧插步,脚跟内扣,右脚尖内扣,两脚尖向北;同时右勾手变拳向下经右胯侧向上划弧至右上方,拳略高于肩,拳心向左,左手向下经右肩前划弧至腹前,手心向下,指尖向右,眼视右拳方向(图 2-4-173)。

❷ 身体向左转,左脚向左前方上半步成九宫步;同时左手向左膝上方划弧搂出至左腿外侧,手心向下,指尖向前;右手经耳侧向前下方打出,拳眼向左,拳面斜向前下,高与裆平,眼视右拳(图 2-4-174)。

图2-4-174

要求:定势时,上体不可过于前倾,不要凸臀,注意重心下沉。胸向西北。

48.野马闯槽

❶ 身体重心后移至右脚，左脚尖翘起；同时左手向左后划弧至左体侧，手高与胯平，手心向后，指尖向下；右拳变掌向上、向右划弧至右上举，手高与头平，手心向外，指尖向上，眼视前方（图2-4-175）。

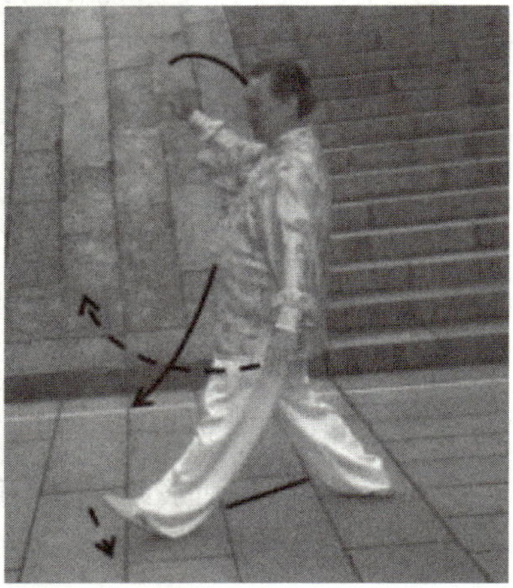

图2-4-175

图2-4-176

❷ 身体重心前移，右脚向左脚内侧上步，脚尖点地；同时右手向右、向下划弧至裆前，手心向左，指尖向下，左手向前屈肘臂横于体前，手心向内，指尖向右；眼视前下（图2-4-176）。

❸ 右脚向右前上一步成九宫步（正西偏北）；同时右掌向前上挑出，高不过肩，手心向左，指尖向前，左手向下按至裆前，手心向下，指尖向右，眼视右手（图2-4-177）。

图2-4-177

要求：右脚上步左脚必跟。沉、蓄丹田气，注意劲力完整，突然爆发之势。

49.白鹤抖翎

图2-4-178

❶ 身体向左转，重心移至左脚，右脚尖内扣成左侧弓步；同时左手向左划弧，左侧举，高与腰平，手心向下，指尖向左；右手向下，高与腰平，手心向下，指尖向右；眼视左手（图 2-4-178）。

❷ 身体微向右转，胸对正南，重心移至右脚，左脚收半步成开立步；同时两手向上举，高过头部，手心均向外，指尖均斜向上，眼视前下（图 2-4-179）。

图2-4-179

图2-4-180

❸ 两腿屈膝下蹲成马步状；同时两臂外旋，掌心向下，经胸前下按至裆前，左掌压在右掌背上，手心均向下，指尖分别向右、向左；眼视前下（图 2-4-180）。

❹ 两腿慢慢蹬伸成开立步；同时左手缓缓向上提起，高略过头，手心向下，指尖斜向右，眼视前方（图 2-4-181）。

图2-4-181

图2-4-182

❺ 右手缓缓向上提起，略高过头，手心向下，指尖斜向左；同时左手徐徐向下按至腹前，手心向内，指尖斜向下；眼视前方（图 2-4-182）。

❻ 两腿屈膝下蹲成马步状；同时右手徐徐向下按至腹前与左手同时侧平举，手心向下，指尖分别向左、向右；眼视前方（图 2-4-183）。

图2-4-183

要求：要全身放松，两臂要显得柔和、轻松，伸展缓慢，灵活提按。上体不要前俯后仰。好似仙鹤将要展翅飞翔。

50.合太极

❶ 两脚尖内扣；同时两手向下划弧至两膝前，手心相对，指尖均向下，眼视前方（图 2-4-184）。

图2-4-184

图2-4-185

❷ 两腿蹬伸，两脚跟内扣成站立式；同时两掌相合向上至胸前，指尖向上，眼视前方（图 2-4-185）。

❸ 两掌虎口交叉，左掌贴在右掌背上向下按至腹前。右手握住左手大拇指，两手外旋互握成拳状；右手大拇指向上压在两食指上，形成太极图状，眼视前方（图 2-4-186）。

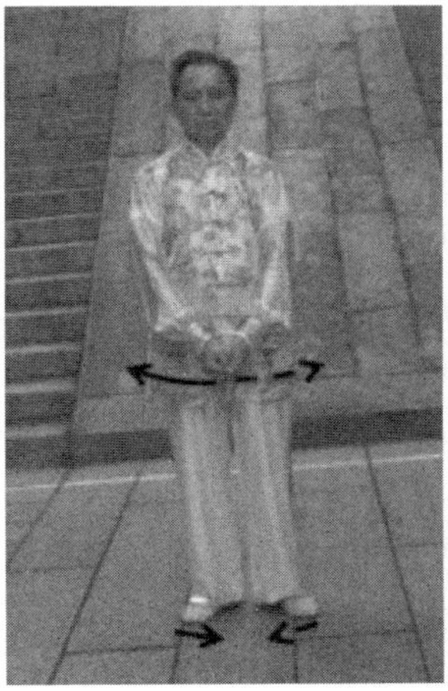

图2-4-186

❹ 身体自然直立；两手松开成掌至两腿外侧，手心均向内，指尖向下，眼视前方（图 2–4–187）。

图2–4–187

要求：身体自然正直站立；全身要放松。呼吸平稳均匀，气徐徐下沉于丹田。

九宫八卦太极拳套路功作路线图见图 2–4–188。

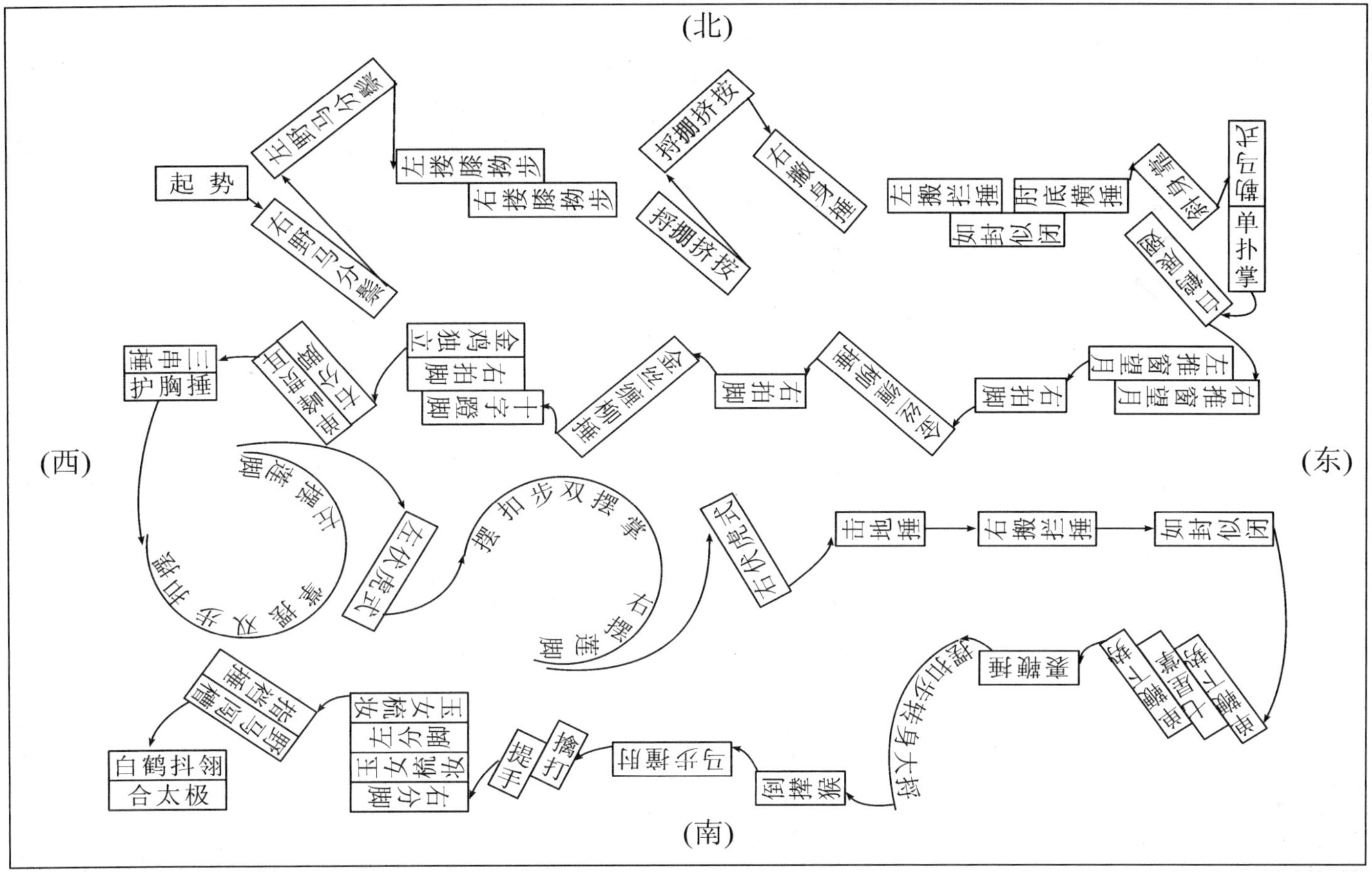

图2-4-188　九宫八卦太极拳套路动作路线图

扫码观看九宫
八卦太极刀视频

第三章　九宫八卦太极刀

第一节　概　述

中国刀术有着悠久的历史和极其丰富的内容。早在4000多年前，我们的祖先已经开始制造铜刀。自周以后，短柄铜刀开始成为一种兵器，多用于车战时防身自卫和近战搏斗。战国末年，废弃战车，把车兵改为骑兵，刀就用于骑战，可劈可砍，可格可刺，故有“轻刀快马”之说。后来，由于战争的需要，出现一种便于骑兵在马上砍杀的挥刀，它是单面刀口，刀背较厚，其分量很重。

刀术在唐代成了阵战的重要武器。几乎人手一刀，故《唐六典·武库令》只有刀制无剑制。刀分横刀、陌刀、鄣刀和仪刀四种。步兵主要使用横刀、陌刀、鄣刀。仪刀是木制的，逐渐成为仪仗队的装饰品。李白《从军行》中有“笛奏梅花曲，刀开明月环”，说明刀术不仅用于战争，有时也在音乐伴奏下以套路形式舞练。

宋代出现了“执真刀，互相格斗击刺，作破面剖心之势，谓之七圣刀”。更有集体的对练，表演时“引百余人……各执木棹刀一口，成行列，击鼓者指乎；各拜舞起居毕，喝喊变阵子数次，成一字阵，两两出阵格斗，作夺刀击刺之态百端讫，一人弃刀在地，就地掷身背着地有声，谓之板落。如是数十对相击触。”（《东京梦华录》）

明代有了完整记载套路图谱的书籍。如程冲斗在《耕余剩技·单刀法选》中说：“以前刀法，着着皆是临敌实用，苟不以成路刀势，刀演精熟，则持刀运用，进退跳跃环转之法不尽，虽云着着实用，尤恐临敌掣肘，故总列成刀法一图。”

从此后，刀术在不同程度地得到发展，逐步以套路演练形式流传于民间。

当今刀术成为武术竞赛的主要项目之一。它的内容有单刀、双刀之分；有大刀、朴刀之别；还有少林刀、峨眉刀、梅花刀、太极刀、八卦刀、九环刀等。纷呈奇巧，用法各异，各有风格特点。唯有“九宫八卦太极刀”典载甚少，尚属罕见之刀术套路，也有它的独特风格和特点。既要心静安舒、气沉丹田、动静有常、势势均匀、精神内固、形神合一的太极拳韵味，又要有摆扣步沿圆走圈、势势相连、随走随变的八卦掌韵律，还要不失刀术的气势威武、精神勇往、劲力刚柔的风格特点。其套路方位行走九宫图，布局合理，攻防意识明确，体现了内家刀法以静制动、后法先至的技击要旨。刀法清晰规整，闲手配合严密。刀不离身左右前后，手足肩背与刀俱转，体现出手、眼、身、步与刀法协调一致。

第二节　九宫八卦太极刀的结构、部位名称及握法

一、九宫八卦太极刀的结构、部位名称及说明

1.结构

刀一般用金属制成，也有用木和竹制品。九宫八卦太极刀其长度为120~150cm，比一般单刀略长一点，重量为0.9~1.5kg。

2.部位名称及说明

九宫八卦太极刀的部位名称为刀尖、刀刃、刀背、刀身、刀盘(护手盘)、刀柄、刀鼎、刀槽、刀脊、彩绸、刀鞘等（图3-2-1)。

(1)刀尖。是刀最锐利的前端尖。

(2)刀刃。由刀尖至刀的中段部位。后段为格刃，这个部位是用来防守敌方劈、砍、格、架等进攻性动作的。

(3)刀身。由刀盘至刀尖的全长。分为3段：刀脊至刀尖处为前段；刀脊至刀盘处前1/2为中段，后1/2为后段。

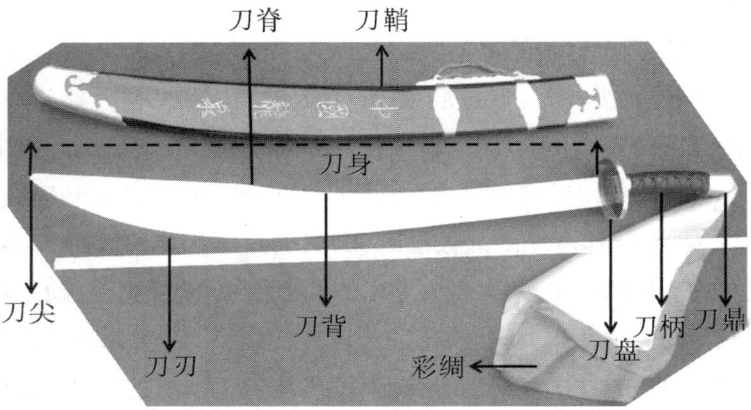

图 3-2-1　九宫八卦太极刀的部位名称

(4)刀背。由刀脊至刀盘之间。

(5)刀槽。俗称血槽,也就是进攻敌方身体部位出血从血槽而出。

(6)刀脊。刀背上凸出的部位。

(7)刀盘。刀身后段下端与刀柄之间的圆盘状部位,在攻防中起保护手的作用。

(8)刀柄。也称刀把,由刀盘至刀鼎之间手握的部位。

(9)刀鼎。刀柄最后之端处,起固定刀片和系彩绸作用。

(10)彩绸。系在刀鼎端,以螺丝帽固定的带颜色的丝绸制品。

(11)刀鞘。装刀的外壳,皮革或木制品。

二、握刀方法

1.左手握刀法

左手鱼际部位对准刀盘边沿，拇指扣住刀盘边沿,其余四指在刀盘下卷指握住刀盘与刀柄之间。

(1) 立抱刀——刀背贴紧左臂，刀尖向上,刀柄向下,刀刃向前(图 3-2-2)。

图3-2-2　立抱刀

（2）平抱刀。左臂屈肘，横于胸前，刀背贴紧左前臂，刀尖向左，刀柄向右，刀刃向上（图 3–2–3）。

图 3–2–3 平抱刀

2.右手握刀法。

(1)满把握。虎口对刀盘，大拇指外展，其余四指并拢卷曲握住刀柄，腕部伸直。这种握刀方法适于推、架、托、砍等刀法（图 3–2–4）。

图 3–2–4 满把握

（2）螺式握法。虎口斜对刀盘，大拇指与食指握住刀柄，其余三指卷曲斜握刀柄，形与螺状。这种握刀方法灵活性强，适于点、崩、刺、挂、撩、抹、扫等刀 法（图 3-2-5）。

图 3-2-5　螺式握法

（3）钳式握法。虎口对刀盘，大拇指与食指钳住刀柄，其余三指自然附在刀柄上。这种握刀法适于臂花、剪腕花等变换之用(图 3-2-6)。

图 3-2-6　钳式握法

第三节 刀术主要技法要领及技击法

1.手型

(1)拳。五指卷曲，拳面要平，拇指压在食指、中指第二指骨上，握拳不宜太紧。

(2)掌。四指自然并拢，大拇指微开内涵，掌心不张开。

(3)钩。五指捏拢，屈指、屈腕，手指与腕部自然松活。

2.步型

(1)弓步。前脚屈膝，大腿与地面约成45° 角，脚尖向前，膝不能超出脚尖，后腿自然伸直内旋。

(2)马步。两脚左右开立，宽约为脚长的3倍，脚尖正对前方，屈膝半蹲，大腿与地面不能大于45° 角。

半马步：前脚直向前，后脚横向外，两脚相距约三脚长，全脚着地。两腿屈蹲，大腿高于水平，重心略偏于后腿。

(3)虚步。后脚全脚着地，脚尖外展，大腿屈蹲高于水平，重心偏于后腿，前脚尖虚点地面，臀不得超过后脚跟垂直线，微合裆裹胯。

(4)歇步。两腿交叉屈蹲，前后交叠，后膝接近前膝窝。前脚全脚着地，脚尖外展，后脚前脚掌着地，脚尖向前。

(5)丁步。一腿屈蹲，全脚着地，另一脚收于支撑脚内侧约10cm处，脚尖虚点地面。

(6)开立步。两脚平行开立，宽不过肩，两腿直立或屈蹲。

(7)独立步。支撑腿微屈站稳，另一腿屈膝提起，举于体前，膝部高于腰。

3.步法

(1)蹚泥步。两腿微屈，里侧脚向前上步，脚尖微外展，前脚掌微向前擦着地，脚趾扣地；外侧脚贴近，里侧脚向前上步，脚尖微内扣，前脚掌微向前擦着地，脚趾扣地，两脚平起平落，轻灵沉稳，身体不得起伏摇晃。

(2)八字扣步。上步着地时脚尖内扣，两脚尖相对成八字状。

(3)九宫步。前脚微内扣,后脚斜向 45° 角,两脚相距 2~3 脚长,两腿屈蹲高于水平,前膝不超过踝,后腿膝部微内扣,体重偏于前腿。

(4)行步(弧行步)。两腿弯曲行走,步子平稳,步幅均匀,不要忽大忽小,行走轻灵,不要跑步式行走,走弧形路线。

4.主要刀法

(1)缠头刀。上体微向左转,右手持刀,刀尖下垂向左经左臂外侧向背绕行过右肩,刀背贴身,左臂先屈肘收至胸前,再直臂向左平分,头部正直。是防中遇攻的刀法。

(2)裹脑刀。上体微向右转,右手持刀臂外旋上举过头,向后经背部向左肩绕行,刀背贴身,刀尖向后下,左手屈肘收至胸前。是攻防兼用的刀法。

(3)劈刀。有平劈、下劈、抡劈等。臂与刀成直线,高与肩平为前平劈;刀尖向斜下为下劈;刀沿身体右侧或左侧抡立圆劈为抡劈刀,力达前中段。是进攻性强的刀法。

(4)扎刀(刺刀)。刀刃向下,刀尖向前直刺为扎,刀与臂成一直线,刀尖高与肩平为平扎,高与头平为上扎,低于膝部为下扎,力达刀尖。是进攻性强的刀法。

(5)撩刀。刀刃由下向前上撩起划弧。正撩前臂外旋,手心向前上,刀沿右体侧贴身撩出;反撩前臂内旋,刀沿体侧贴身撩出,手心向后,力达刀刃前段。是进攻的刀法。

(6)挂刀。刀尖由前向下,向后挂起划弧,向左贴身挂出,向右贴身挂出,抡挂立圆一周,力达刀中、前段刀背部分。是防守兵器中攻的方法。

(7)挑刀。刀背由下向上挑举,臂与刀成一直线,力达刀尖,是进攻的刀法。

(8)推刀。刀尖向上,刀刃向前推出为立推刀,刀尖向左或向右为平推刀,力达中后段。是进攻的刀法。

(9)点刀。手臂微屈持刀,屈腕上提,刀尖突然猛力向下用力,力达刀尖,是进攻的刀法。有点头部、手腕、虎口、足背部穴位。

(10)云刀。右手持刀,刀背向左经左肩外侧及面前向右肩外侧,手臂先内旋后外旋为左云刀;右手持刀,刀背向右经右肩外侧及面前向左肩外侧,手臂先外旋后内旋为右云刀。是防守的刀法。

(11)斩刀。刀刃向左或向右,短促用力斩,有平斩、斜下斩等,刀不低于膝关节,力达刀刃中段。是进攻的刀法。

(12)砍刀。刀向右下方或左下方斜劈为砍，力达刀刃中段。是进攻的刀法。

(13)截刀。刀刃斜向上或斜向下为截，有上截刀和下截刀之分，力达刀刃前段。是进攻的刀法。

(14)绞刀。刀尖向前，刀刃向下，左手贴紧刀背中段，两手使刀尖顺时针绞圆。是攻守兼备的刀法。

(15)按刀。左手附于刀背或右手腕处，刀刃向下，两手下按。高与腰平为平按刀，接近地面为下按刀。是防守刀法。

(16)架刀。刀刃向上，刀尖向左或向右，手心向外或向内，由上横向架起，刀高于头部。是防守的刀法。

(17)藏刀。有拦腰藏刀、立藏刀、平藏刀之分。刀尖向上，刀刃向外，刀身横平或斜藏于左腰身后为拦腰藏刀；刀身竖直藏于背后或左背后为立藏刀；刀身平直，刀尖向前，刀刃向下藏于右腿外侧或胯侧为平藏刀。是防守及准备进攻的刀法。

(18)抱刀。左手持刀，刀背贴于左臂外，刀刃向前，刀尖向上，左臂垂直为立抱刀；右手持刀，刀尖向左或向右，刀刃斜向外，左手附于右腕处为平抱刀。是防守刀法。

(19)举刀。手持刀由下向上或向斜上举，刀尖向上，刀刃向外，手臂伸直。是防守及准备进攻的刀法。

(20)剪腕花。手持刀以腕为轴，刀在臂两侧向前下贴前臂立圆绕环，刃背分明。是攻守兼备的刀法。

第四节　刀诀与刀谱及套路动作名称

一、刀诀

九宫八卦太极刀，世存典籍极稀少。

穿九宫步行八卦，四正四隅旋阴阳。

刀起云绕闹江海，刚柔相济显英豪。
太极刀法八卦步，缠头裹脑俱为首。
出刀顺逆随身变，劈砍挂撩要方便。
翻转身法式不定，扎挑点推使无穷。
八卦太极技合一，动静有常势连绵。
气沉丹田神内固，形神合一调韵味。

二、套路动作名称

第一段

1.起势（静心守一）
2.并步穿掌（风摆荷叶）
3.虚步抱刀（上步七星）
4.八字步接握刀（左右交接）
5.独立步举背刀（拐李背刀）
6.摆扣步缠头刀(虎尾缠树)
7.左弓步藏刀(深山藏虎)
8.上步左右撩刀(追风撩阴)
9.歇步下截刀(虎歇平地)
10.八字步抱刀(抱虎归山)

第二段

11.摆扣步裹脑刀(虎尾缠树)
12.右弓步藏刀(林中藏虎)
13.左弓步扎刀(入林射虎)
14.并步挑举刀(朝天敬香)
15.左右抡劈刀(左右车轮)
16.歇步按刀(虎落平川)
17.退步左右挂刀(猿猴倒挂)

18.八字步抱刀(抱虎归山)

19.弧行步抹扫刀(风卷残云)

20.并步推刀(推山入海)

21.右弓步劈刀(力劈华山)

22.左弓步推刀(顺水推舟)

第三段

23.摆扣步下扫刀(旋风扫地)

24.左弓步接握刀(左右交接)

25.上步拍脚(虎啸龙吟)

26.八字步架掌抱刀(环珠抱玉)

27.摆扣步分手刀(左右分水)

28.右前蹬脚(开门见山)

29.左侧蹬脚(侧身上马)

30.上步前拍脚(虎啸龙吟)

31.提膝抱刀(海底翻花)

32.八字步接握刀(左右交接)

第四段

33.弧行步云斩刀(云雾斩妖)

34.左右撩刀(追风撩阴)

35.弧行步云斩刀(云雾斩妖)

36.马步劈刀(骑虎难下)

37.缠头提膝藏刀(深山藏虎)

38.歇步下截刀(虎歇平地)

第五段

39.摆扣步缠头刀(虎尾缠树)

40.右蹬脚(开门见山)

41.上步转身剪腕刀(白虎咬尾)

42.插步下扎刀(黄龙入洞)

43.翻身丁步点刀(翻身啄虎)

44.八字步抱刀(抱虎归山)

第六段

45.摆扣步裹脑刀(虎尾缠树)

46.右弓步藏刀(林中藏虎)

47.左右抡劈刀(左右车轮)

48.上步剪腕刀(飞龙咬尾)

49.转身退步撩刀(逆风撩阴)

50.插步绞刀(三)(猛虎绞尾)

51.后点步扎刀(登山射虎)

52.裹脑弓步藏刀(林中藏虎)

53.缠头接握刀(左右交接)

54.收势(回头归穴)

第五节　套路动作图解及演示路线图

第一段

1.起势(静心守一)

❶ 两脚并立,左手抱刀,虎口向下,拇指在前,其余四指在刀盘下握住刀柄,手腕部紧贴刀盘,刀刃向前,刀尖向上,刀背贴靠前臂内侧;右臂垂于身体右侧,五指自然并拢,目视前方(图 3-5-1)。

图 3-5-1

图 3-5-2

❷ 身体重心移至右脚,左脚缓慢向左横开半步,脚尖向南,与肩同宽,其他同❶,目视前方(图 3-5-2)。

❸ 两臂自然伸直向前上摆举至肩平，与肩同宽，右手心向下，左手握刀，刀柄向前，刀刃向上，刀尖向后，刀背贴靠左前臂内侧，目视前方（图 3–5–3）。

图 3–5–3

要求：顶平项竖，下颌微收，身体自然直立，不可挺胸收腹，两肩臂自然松沉，松腰松胯，身体保持中正安舒，畅胸舒背，呼吸自然，气沉丹田。

2.并步穿掌（风摆荷叶）

❶ 身体向左转，两腿屈膝下蹲；同时两手向左划弧至左侧，左手持刀略低于肩，刀刃向上，刀尖向后，刀柄向左前，右手在左臂下，手心向左，指尖向左前，目视两手（图 3–5–4）。

图 3–5–4

❷ 身体向右转，胸向西南，重心移至左脚，右脚尖翘起外展；同时两手向右划弧至右侧，右手收至腰间，手心向上，指尖向前，左手持刀略低于肩，刀刃向上，刀尖向后，刀柄向前（西南），目视左手(图 3–5–5)。

图 3–5–5

❸ 右脚向前上半步，左脚收至右脚内侧成并步，脚尖向西南；同时右手经左手腕部向前穿出，手心向上，指尖向前，左手屈肘横于胸前，刀刃向上，刀尖向左，刀柄在右肘下，目视右手（图 3–5–6）。

图 3–5–6

要求：以腰为轴带动两手划弧，身体自然直立，右臂不宜挺直，手脚协调一致。

3.虚步抱刀（上步七星）

❶ 身体向左转，左脚向左前上一步，脚跟着地，脚尖翘起；同时左手持刀经腹前向前划弧至左前，高与腰平，刀刃斜向上，刀尖斜向上，右手在右侧举，略低于肩，手心向后，目视左手（图 3–5–7）。

图 3–5–7

❷ 身体重心前移至左脚，左腿屈蹲，右脚向左脚前上一步，脚前掌着地成右虚步；同时左手持刀向上与肩平，刀刃向上，刀尖向后，刀柄向前，右手握拳经腰间向左手腕下前伸，拳心向外，两腕交叠于胸前，高与肩平，目视两手（图3–5–8）。

图 3–5–8

要求：上体保持中正，不要前俯后仰，不要凸臀。

4.八字步接握刀（左右交接）

图 3–5–9

身体先向右转再微向左转，胸向南，右脚经左脚内侧向右后退一步，左脚收于右脚内侧，脚尖相对成内八字；同时左手持刀向上、向右、向下划弧至左腹侧，高与腹平，刀刃斜向上，刀尖斜向左上，刀柄斜向下，右手准备接握刀柄，手心向下，指尖向左，目视两手（图3–5–9）。

要求：上体保持正直，两腿屈膝半蹲，松腰松胯。

5.独立步举背刀(拐李背刀)

图 3-5-10

身体直立，右腿支撑站稳，左腿屈膝提起成独立步，提膝高与腰平，脚尖自然下坠；同时右手接握刀使刀尖向左下，向右上划弧至背后，右手高于头，刀刃斜向上，刀尖斜向下，左手侧平举，手心向外，指尖向上，目视左前方(图 3-5-10)。

要求：支撑腿自然伸直，上体正直，右臂外旋。

6.摆扣步缠头刀(虎尾缠树)

图 3-5-11

❶ 左脚向右脚前上一步，脚尖外展，同时两手侧平举，右手持刀刀刃斜向下，刀尖向右，左手心向外，指尖向上，目视刀尖(图 3-5-11)。

❷ 右脚向左脚前上一步，脚尖内扣；同时两手低于肩，其他不变(图 3-5-12)。

图 3-5-12

❸ 按照❶、❷动的方法，左、右脚连续走 6 步成一圈；同时右手持刀向右下，向左经左肩外侧向背后绕行至右下，高与腰平，刀刃向外，刀尖向右，左手向右臂下穿向左划弧至左侧举，高与腰平，手心向下，指尖向左，目视刀刃（图 3–5–13、图 3–5–14、图 3–5–15、图 3–5–16、图 3–5–17、图 3–5–18）。

图 3–5–13

图 3–5–14

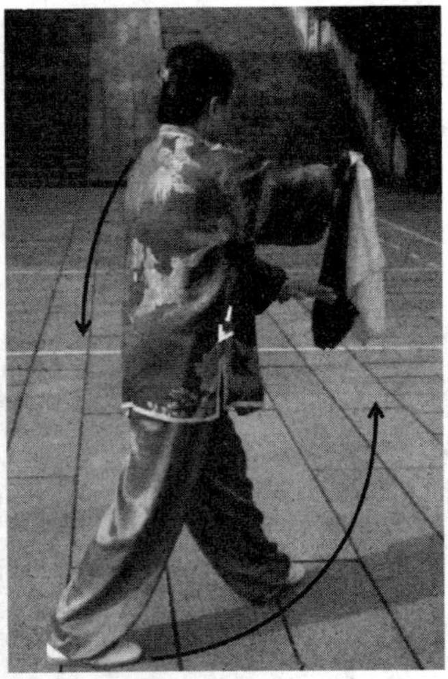

图 3–5–15

图 3–5–16

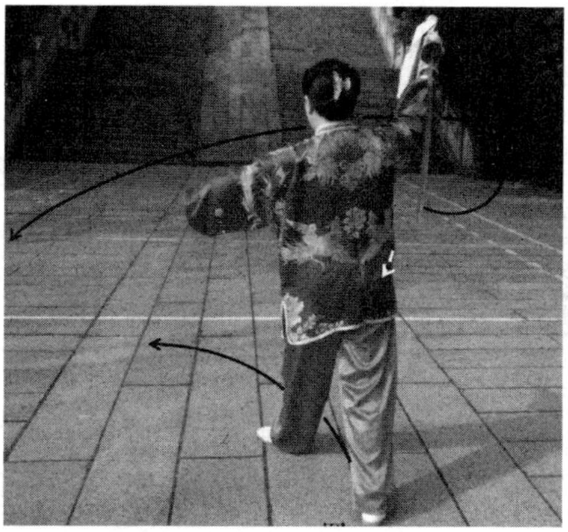

图 3-5-17

图 3-5-18

要求：缠头时必须使刀背贴靠脊背绕行，刀与手眼身步协调一致。步随身行，重心平稳（图 3-5-19）。

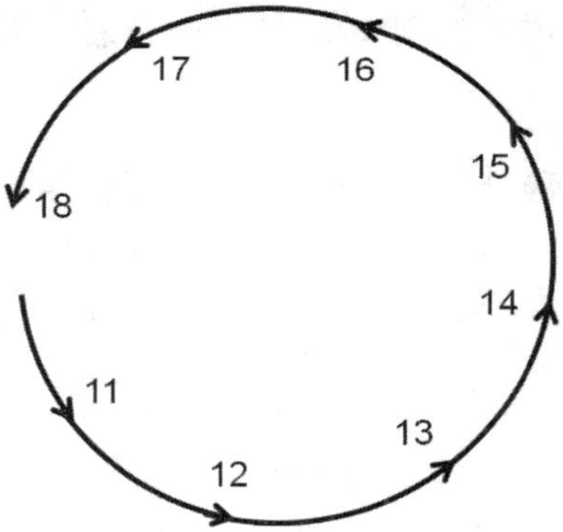

图 3-5-19

7.左弓步藏刀（深山藏虎）

图 3-5-20

身体向左转，胸向东南，右脚跟外展，左脚尖外展成左弓步；同时右手持刀臂内旋平扫刀至左体侧，手高与腰平，刀刃向外，刀背贴靠左肩旁，刀尖斜向上，左手上举架于头前上方，手心向上，指尖向右，目视东南方（图 3-5-20）。

要求：右手腕灵活翻转，左臂微屈上架，上体不要前俯或挺胸。

8.上步左右撩刀(追风撩阴)

图 3-5-21

❶ 右脚向左脚前上一步，左脚向右脚前上一步；同时右手持刀向下经左体侧向前撩出，刀刃斜向前，刀尖斜向下，手高与肩平，手心向外，左手附于右手腕部，手心向外，指尖斜向上，目视前下（图 3-5-21）。

❷ 身体向右转，右脚向左脚前上一步，脚尖外展；同时右手持刀向前上，向右后划弧至右下，手高与腰平，刀刃向下，刀尖向右，左手斜上举，手高于头部，手心向外，指尖向上，目视刀尖（图 3-5-22）。

图 3-5-22

图 3-5-23

❸ 身体向左转，左脚向右脚前上一步，右脚向左脚前上一步，同时右手持刀向下经右体侧向前撩出，手略低于肩，刀刃斜向上，刀尖斜向下，刀与臂一条斜线，左手左侧平举，手心向外，指尖斜向上，目视刀刃（图 3-5-23）。

要求：左右撩刀，动作连贯，身械协调。

9.歇步下截刀(虎歇平地)

图 3-5-24

❶ 身体向左转，左脚向右脚前上一步，脚尖外展；同时右手持刀向上，向左下划弧至左侧，手与腰平，刀刃斜向下刀尖斜向上，左手附于右手腕部，手心向外，指尖向上，目视刀尖(图 3-5-24)。

图 3-5-25

❷ 身体向右转，两腿屈膝全蹲成歇步；同时右手持刀向前下截出，刀刃向右，刀尖向前，臂与刀成一条斜线，左手与右手同在一条斜线上，手心向下，指尖向左，目视刀尖(图 3-5-25)。

要求：上体不宜过于前俯或竖直，两臂自然伸直成一条斜直线，刀尖不能触地。

10.八字步抱刀(抱虎归山)

身体向左转,右脚向左脚前上一步,脚尖向东方,左脚向右脚内侧上步,脚尖相对成内八字步;同时右手持刀向上,向左侧划弧至左臂外侧,手高与腹平,刀刃向外,刀尖斜向上,左手附在右手腕部,手心向下,指尖向右,目视刀尖(图 3-5-26)。

图 3-5-26

要求:胸向东,上体正直,两腿微屈,两臂自然环抱,全身防松,敛臀收腹,气沉丹田,呼吸自然。

第二段

11.摆扣步裹脑刀(虎尾缠树)

❶ 右脚向前上一步,脚尖外展;同时右手持刀向下平推出, 刀刃向前,刀尖向左,左手不变,目视刀尖段(图 3-5-27)。

图 3-5-27

❷ 左脚向右脚前上一步，脚尖内扣；同时两手分之体侧，高与腰平，右手持刀向右，刀刃向外，刀尖向前，左手心向下，指尖向前，目视刀中段（图 3–5–28）。

图 3–5–28

❸ 按照（1）（2）动的方法，左、右脚连续走四步成大半圆；同时右手持刀臂外旋向右肩外举过头经左肩外绕行至左臂外侧，刀刃向外，刀尖向左，左手臂屈肘横于胸前，手心向下，指尖向右，目视刀尖段（图 3–5–29、图 3–5–30、图 3–5–31、图 3–5–32）。

图 3–5–29

图 3–5–30

图 3-5-31

图 3-5-32

要求：裹脑时必须使刀背贴靠脊背绕行，步随身行，重心平稳，手、眼、身、步与刀法要协调一致(图 3-5-33)。

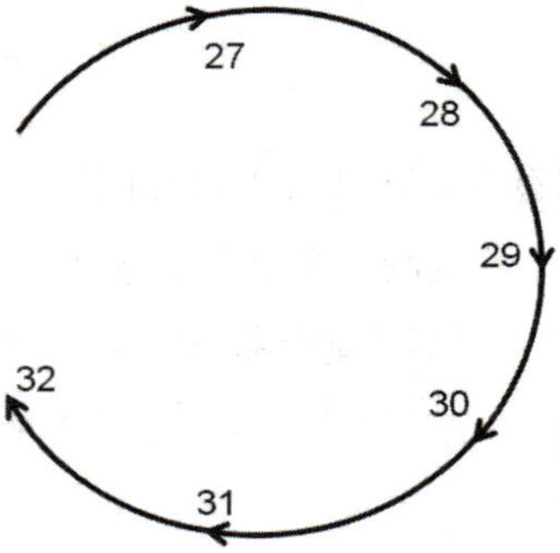

图 3-5-33

12.右弓步藏刀(林中藏虎)

图 3-5-34

身体微向右转，右脚向右前上一步，左脚向左后移动成右弓步；同时右手持刀顺势裹右膝使刀尖至膝部外侧，刀刃向下，刀尖向前，左手向前推出，手心向外，指尖向上，目视左手(图 3-5-34)。

要求：上体不要过于前俯，不要凸臀，后腿不宜挺得过直，两臂微屈，肩松沉。

13.左弓步扎刀(入林射虎)

图 3-5-35

左脚向右脚前上一步成左弓步；同时右手持刀向前扎出，高与肩平，臂与刀成一条直线，刀刃向下，刀尖向前，左手附于右前臂内侧，手心向外，指尖斜向上，目视前方（图 3-5-35）。

要求：弓步两脚跟不要在一条直线上，后脚不宜挺直，扎刀后全身放松。胸向西北。

14.并步挑举刀(朝天敬香)

左脚向右脚内侧退步成并步，两腿伸直；同时右手持刀上挑举刀高于头部，刀臂垂直，刀刃向前，刀尖向上，左手侧平举，手心向左，指尖斜向上，目视前方（图 3-5-36）。

图 3-5-36

要求：身体直立不宜挺身，要畅胸舒背，要沉肩坠肘，气沉丹田。

15.左右抡劈刀(左右车轮)

❶ 左脚向前上一步，脚尖外展，身体向左转；同时右手持刀向前下经左体侧抡劈至左后下，刀刃斜向下，刀尖斜向下，左手附于右前臂处，手心向下，指尖斜向上，目视刀中段(图 3–5–37)。

图 3–5–37

❷ 身体向右转，右脚向左脚前上一步，脚尖外展，左脚跟提起；同时右手持刀向上，向前下经右体侧抡劈至右后侧，刀刃向后，刀尖斜向下，左手向下、向左上划弧举架于头上方，高于头部，手心向外，指尖斜向上，目视刀尖段(图 3–5–38)。

图 3–5–38

要求：抡劈时，手臂自然伸直，手腕灵活翻转，以身体转动带两臂抡转。

16.歇步按刀(虎落平川)

图 3-5-39

身体向左转，左脚向右脚前上一步，脚尖内扣，右脚向左脚后插步成半蹲歇步；同时右手持刀向上、向左下按刀至左体侧，刀刃向下，刀尖向左，左手向下按在刀背上，手心向下，指尖向前，目视刀尖方向（图3-5-39）。

要求：插步与按刀成歇步同时完成。歇步可以做成全蹲。

17.退步左右挂刀(猿猴倒挂)

❶ 身体向右转，左脚向后退一步成右弓步；同时右手持刀向前上提抽至前下，手略低于肩，刀刃向前，刀尖斜向下，左手侧平举，手心向外，指尖斜向上，目视刀尖方向（图 3-5-40）。

图 3-5-40

❷ 身体向左转，右脚向左脚后退一步，脚前掌着地；同时右手持刀使刀尖、刀背经左体侧向后挂出，手高与胯平，刀刃斜向下，刀尖斜向左下，左手附在右手腕部，手心向下，指尖向右，目视刀尖段（图3-5-41）。

图 3-5-41

图 3-5-42

❸ 身体向右转，左脚尖内扣，右脚跟内扣向前上半步；同时右手持刀使刀尖向上，刀背向前下经右体侧向前挂出与腰平，刀刃向下，刀尖向前，左手随右手持刀挂转时向左侧举，略低于肩，手心向下，指尖向左，目视刀尖方向（图3-5-42）。

要求：左挂换右挂时，右臂要外旋，左右挂出要连贯，动作幅度要大一点，身械协调。

18.八字步抱刀(抱虎归山)

图 3-5-43

身体向右转，胸向西北，左脚向右脚内侧上步，脚尖相对成八字步；同时右手持刀腕内旋使刀向上划弧至左肩外侧，刀刃向外，刀尖斜向上，左手附在右手腕部，手心向下，指尖向右，目视刀尖前段（图3-5-43）。

要求：两腿微屈半蹲，上体保持中正，两臂环抱。

19.弧行步抹扫刀(风卷残云)

❶ 右脚向右前上一步，脚尖外展；同时右手持刀向前平抹，高与腰平，刀刃向前，刀尖向左，左手不变，目视刀刃中段（图 3-5-44）。

图 3-5-44

图 3-5-45

❷ 左脚向右脚前上一步，脚尖内扣；同时两手不变（图 3-5-45）。

❸ 右脚向左脚前上一步，脚尖外展，左脚向右脚前上一步，脚尖内扣，同时两手不变（图 3-5-46）。

图 3-5-46

❹ 右脚向右前方上一步成右弓步；同时右手持刀，向前下抹扫高与膝平，刀刃向外，刀尖向前下，左手向左侧平举，手心向下，指尖向左，目视刀尖（图 3–5–47）。

图 3–5–47

要求：步随身行，身法灵活，以腰带抹扫（图 3–5–48）。

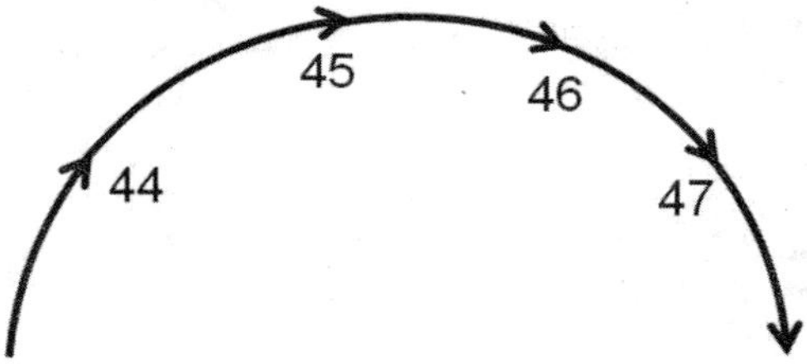

图 3–5–48

20.并步推刀(推山入海)

❶ 身体重心后移至左脚，右脚收至左脚内侧成并步；同时右手持刀收至腰间，刀刃向前，刀尖向上，左手附在右手腕部，手心向下，指尖向右，目视右前方（图 3–5–49）。

图 3–5–49

❷ 身体微向左转，胸向东南，右脚向右前上半步，左脚收于右脚内侧成并步；同时右手持刀向右前立刀推出，手高与腰平，刀刃向右，刀尖向上，左手上架举于头上方，手心向上，指尖向右，目视右前方（图 3-5-50）。

图 3-5-50

要求：紧接抹扫刀身体要转动，右手收于腰间沉蓄即从腰间推出。身体自然直立。推刀方向朝南。

21.右弓步劈刀(力劈华山)

❶ 身体向左转，胸向东北，左脚向左前方上一步，脚尖外展；同时右手持刀向上、向左下劈出，刀刃向后，刀尖斜向左下，左手附在右手腕部。手心向下，指尖向前，目视左后下方（图 3-5-51）。

图 3-5-51

图 3-5-52

❷ 右脚向左脚前上一步成右弓步；同时右手持刀向上、向前平劈出，刀刃向下，刀尖向前，左手向下、向左划弧架举于头上方，手心向上，指尖向右，目视刀尖(图 3-5-52)。

要求：两动要连贯，如同抡劈，刀臂为一条直线。

22.左弓步推刀(顺水推舟)

❶ 身体向左转，重心移至左脚，右腿屈膝上提，脚尖向下；同时右手持刀向上划弧至左体侧，手高与腰平，刀刃向左，刀尖向上，左手附于右手腕部，手心向下，指尖向右，目视刀中段(图 3-5-53)。

图 3-5-53

要求：两动要连贯，动作缓慢，刚柔相济，协调推出。

图 3-5-54

❷ 身体向右转，右脚向右前方着地，脚尖外展，左脚向右脚前上一步成左弓步；同时右手持刀向下，向左前推刀，手高于头部，刀刃向外，刀尖向下，左手掌贴紧刀背助前推，手心向外，指尖向上，目视左手方向(图 3-5-54)。

第三段

23.摆扣步下扫刀(旋风扫地)

图 3-5-55

❶ 身体向右转，重心移至右脚，左脚向右脚内侧收成八字步；同时右手持刀向上，向右划弧右前，高与腹平，立刀，刀刃向外，刀尖向上，左手附于右手腕部，手心向下，指尖向右，目视刀前段（图3-5-55）。

图 3-5-56

❷ 身体微向左转，左脚向左前上一步，脚尖外展；同时右手持刀向右前划弧至右体侧，高与腹平，刀刃斜向下，刀尖向右，左手向下经腹前向左侧举，略低于肩，手心向下，指尖向左，目视刀刃（图 3-5-56）。

图 3-5-57

❸ 身体微向左转，右脚向左脚前上一步，脚尖内扣，手、眼与上式同(图 3-5-57)。

❹ 按照(2)(3)动的方法，继续走四步，最后一步要内扣与左脚内侧成并步；同时右手持刀向前，向左，向右划一平圆，刀刃向外，刀尖向下，左手侧上举，高于头部，手心向外，指尖向上，目视刀尖(图 3-5-58、图 3-5-59、图 3-5-60、图 3-5-61)。

图 3-5-58

图 3-5-59

图 3-5-60

图 3-5-61

要求：步随身行，身步灵活，两腿微屈，行走平稳。扫刀要以腕为轴内旋一周，刀尖绕地面划一圆圈，刀尖不触地（图 3-5-62）。

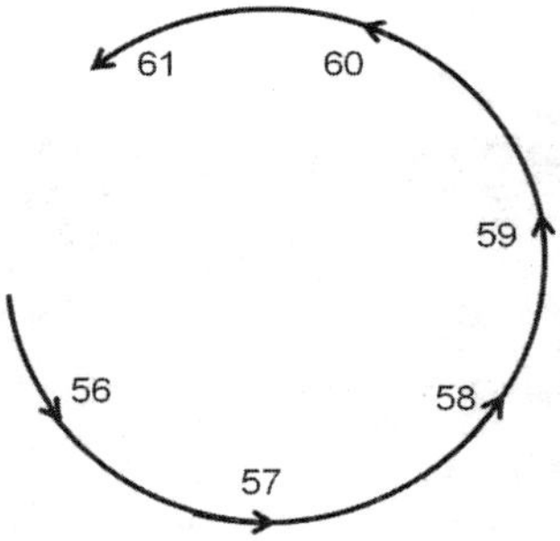

图 3-5-62

24.左弓步接握刀(左右交接)

图 3-5-63

身体向左转，胸向东北，左脚向左上一步成左弓步；同时右手持刀向上，向左划弧至左肩侧与左手贴近，高于头部，刀刃向外，刀尖斜向后，左手接握刀，目视两手（图 3-5-63）。

要求：交接刀时，右腕要内旋、内扣使刀柄向前上，刀背贴靠左臂。

25.上步拍脚(虎啸龙吟)

❶ 身体向右转，胸向西南，右脚尖外展，左脚蹬跟成右弓步；右手向下经腹前向前穿出，高与肩平，手心斜向下，指尖斜向前，左手持刀于左体侧立刀，刀刃向前，刀尖向上，目视前方(图 3–5–64)。

图 3–5–64

图 3–5–65

❷ 左脚向右脚前上一步；同时右手上举高于头，手心向前，指尖向上，左手持刀于左体侧，立刀，刀刃向前，刀尖向上，目视前方(图 3–5–65)。

❸ 左脚支撑站稳，右脚向前上摆踢，脚面展平；同时右手掌迎击脚面，左手持刀于左体侧，立刀，刀刃向前，刀尖向上，目视前方(图 3–5–66)。

图 3–5–66

要求：上体保持正直，迎击脚面超过肩，不要耸肩拱背。

26.八字步架掌抱刀(环珠抱玉)

❶ 右脚向前着地成右弓步；同时右手向下收于腰间，手心向上，指尖向前，左手持刀向前平举，刀刃向上，刀尖向后，目视前方(图 3–5–67)。

图 3–5–67

图 3–5–68

❷ 左脚向右脚内侧上步，脚尖相对成八字步；同时右手向右，向上划弧上架于头上方，手心向上，指尖向左，左手抱刀于左体侧，立刀，刀刃向前，刀尖向上，目视左前(图 3–5–68)。

要求：上体保持正中，两腿微屈敛臀收腹，气沉丹田。

27.摆扣步分手刀(左右分水)

❶ 身体微向左转，左脚向左前上一步，脚尖外展；同时左手持刀向上侧平举，手心向外，指尖向上，目视前方(图 3–5–69)。

图 3–5–69

图 3-5-70

❷ 右脚向左脚前上一步，脚尖内扣；同时两手不变，略低于肩（图 3-5-70）。

❸ 按照（1）（2）动的方法，继续走五步，同时两手在腹前交叉向上至头前分开成侧平举。目随视右手（图 3-5-71、图 3-5-72、图 3-5-73、图 3-5-74、图 3-5-75）。

图 3-5-71

图 3-5-72

图 3-5-73

图 3-5-74

图 3-5-75

要求：摆扣步同前，分手与走步要上下相随（图 3-5-76）。

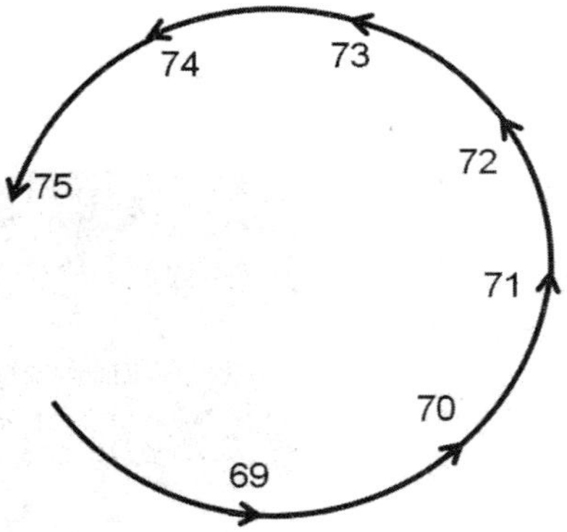

图 3-5-76

28.右前蹬脚(开门见山)

❶ 两腿全蹲成歇步；同时两手合抱于胸前，右手在下，手心向内，指尖向左，左手持刀，刀刃向上，刀尖向左，目视两手（图 3-5-77）。

图 3-5-77

❷ 两腿蹬伸直立，左脚支撑站稳，右脚向前蹬出，勾脚尖，高与胯平；同时两手分撑侧平举，左手持刀，刀刃向上，刀尖向后，右手握拳，拳心向前，目视前方（图 3-5-78）。

图 3-5-78

要求：上体不要前俯后仰，蹬脚不低于胯，此法主要用于进攻裆部。

29.左侧蹬脚(侧身上马)

❶ 身体向右转，右脚向前着地，脚尖外展，两腿全蹲成歇步；同时两手合抱于胸前，右手在下，手心向内，指尖向左，左手持刀刀刃向上，刀尖向左，目视两手（图 3-5-79）。

图 3-5-79

要求：上体不要偏斜，两臂侧平举。

图 3-5-80

❷ 两腿蹬伸直立，右脚支撑站稳，左脚向左侧蹬出，勾脚尖，高与胯平；同时两臂分别向左、右分开撑举。左臂与左腿上下相对，刀刃向上，刀尖向右，右手心向外，指尖向右，目视左前方（图 3-5-80）。

30.上步前拍脚(虎啸龙吟)

❶ 身体微向左转，左脚向前着地，右脚向左脚前上一步;同时右手向下、向前上举,高于头部,手心向前,指尖向上,左手持刀于左体侧,目视前方(图 3–5–81)。

图 3–5–81

图 3–5–82

❷ 左脚向右脚前上一步，支撑站稳，右脚向前上摆踢,脚面展平;同时右手掌迎击脚面,左手持刀于左体侧立刀,刀刃向前,刀尖向上,目视前拍脚(图 3–5–82)。

要求:上体不要俯仰,迎击脚面超过肩,不要耸肩。

31.提膝抱刀(海底翻花)

❶ 身体向右转,右脚向前着地,左脚向右脚前上一步;同时左手抱刀向腹前划弧,刀刃向外,刀尖斜向左,右手向下经腰向右侧举，低于肩,手心向下,指尖向后,目视刀刃(图 3–5–83)。

图 3–5–83

❷ 身体向左转，右脚向左脚前上一步，右脚支撑站稳，左脚屈膝提起成独立步；同时左手抱刀向右、向上、向左下划弧至左体侧垂直，刀刃向外，刀尖向上，右手握拳向下经腰间向上划弧，高于头部，拳心向外，目视前方（图 3–5–84）。

图 3–5–84

要求：整个动作协调一致，拧腰抖臂发劲一气呵成。

32.八字步接握刀(左右交接)

图 3–5–85

左脚向左前着地，右脚向左脚内侧上半步成八字步；同时两手在腹前交接刀，刀刃向外，刀尖斜向上，右手接握刀，目视刀刃(图 3–5–85)。

要求：两腿微屈，右手接握刀，眼看左侧。

第四段

33.弧行步云斩刀(云雾斩妖)

❶ 身体微向右转,右脚向右前上一步,脚尖外展;同时右手持刀,左手附于右手腕部,手心向下,指尖向上,目视右前方(图3-5-86)。

图 3-5-86

❷ 左脚向右脚前上一步,脚尖内扣;同时两手分别左右侧举与腰平,右手持刀,刀刃向前,刀尖向左,左手心向下,指尖向前,目视刀尖(图3-5-87)。

图 3-5-87

❸ 右脚向左脚前上一步，脚尖外展；同时右手持刀，向右后划弧至右后侧，刀刃向后，刀尖斜向下，左手向右划弧，左侧平举，手心向下，手指向左，目视刀尖（图 3-5-88）。

图 3-5-88

图 3-5-89

❹ 左脚向右脚上一步，脚尖内扣；同时右手持刀臂外旋，使刀从右臂外划弧，经面前至左肩旁，左手从左向右划弧，接触右前臂再向左平举，手心向外指尖斜向上，目视右前方（图 3-5-89）。

❺ 右脚向右前方上步成右弓步；同时左手持刀向右前平斩，刀刃向南，刀尖向东南，左手上架于头上方，手心斜向上，指尖斜向右，眼视刀尖（图 3-5-90）。

图 3-5-90

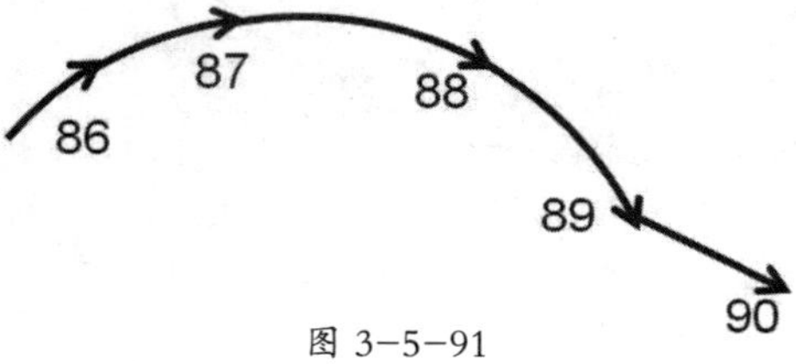

图 3-5-91

要求：身、步、刀法要协调一致，云绕时刀划斜圆，腕部灵活由外旋转内旋，决不能做头上云转。平斩时手心向下。身体随走随向右转，胸向东南（图 3-5-91）。

34.左右撩刀(追风撩阴)

❶ 身体向右转，右脚尖外展，左脚跟提起；同时右手持刀向上，向右后划弧至右肩旁，刀刃向外，刀尖向上，左手向下附于右前臂内侧，手心向下，指尖向右，目视刀中段(图 3–5–92)。

图 3–5–92

图 3–5–93

❷ 身体向左转，左脚向右脚前上一步，右脚向左脚前上一步；同时右手持刀向右后，向下经右体侧向前撩出，略低于肩，刀刃向前，刀尖斜向下，左手向右上划弧上举高于头，手心向外，指尖向上，目视刀刃(图 3–5–93)。

❸ 身体向左转，左脚向右脚前上一步，脚尖外展；同时右手持刀向上，向左下划弧至左体侧，刀刃向下，刀尖斜向左下，左手向下附于右臂内侧，手心向外，指尖向上，目视刀尖方向(图 3–5–94)。

图 3–5–94

❹ 身体向右转，右脚向左脚前上一步；同时右手持刀向下经左体侧向前撩出，手低于肩，刀刃向上，刀尖斜向下，左手侧平举，手心向外，指尖向左，目视刀刃前段（图3–5–95）。

图 3–5–95

要求：左右撩刀动作连贯，步、身、刀法协调一致。向右撩手臂外旋，向左撩手臂内旋。

35.弧行步云斩刀(云雾斩妖)

❶ 身体向右转，胸向南，左脚向右脚内侧上步，脚尖相对成八字步；同时右手持刀向上、向右划弧立刀至右体侧，刀刃向前，刀尖向上，左手向上、向右划弧附于右手腕部，手心向下，指尖向右，目视右前方（图 3–5–96）。

图 3–5–97

图 3–5–96

❷ 此动与 33 动：右云斩动作方法相同，方向相反，最后刀尖指向西北（图 3–5–97、图 3–5–98、图 3–5–99、图 3–5– 100、图3–5–101）。

图 3-5-98

图 3-5-99

图 3-5-100

图 3-5-101

要求：向左云绕时，腕部灵活地由内旋转外旋，刀要划斜圆，平斩时手心向上。身械协调一致(图 3-5-102)。

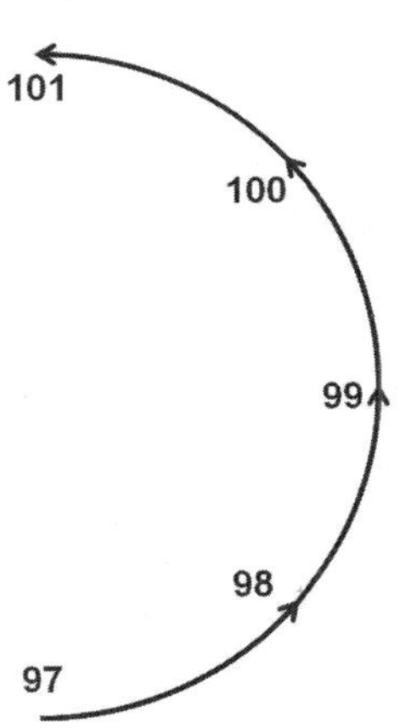

图 3-5-102

36.马步劈刀(骑虎难下)

❶ 身体向右转，重心前移，右腿屈膝上提成独立步；同时右手持刀向右后方截，刀刃向后，刀尖斜向下，左手向下屈肘摆至右肩前，手心向右，指尖向上，目视刀尖(图 3–5–103)。

图 3–5–103

图 3–5–104

❷ 身体向左转，右脚向前着地，左脚向右脚前上一步，脚尖外展；同时右手持刀向上、向前下抡劈至左体侧，刀刃向下，刀尖斜向下，左手在右臂下交叠，手心向下，指尖向右，目视刀尖(图 3–5–104)。

❸ 身体向右转，右脚向左脚前上一步，脚尖内扣，两腿屈蹲成马步；同时右手持刀向上经头上方向右劈，刀刃斜向右，刀尖斜向上，左手向下，向左上划弧架举于头上方，手心向上，指尖向右，目视刀中段(图 3–5–105)。

图 3–5–105

要求：整个动作要连贯完成，右臂要内旋外旋转动划立圆，左手要先向前上与右臂交叠配合协调，马步劈刀与臂有一定的角度。

37.缠头提膝藏刀(深山藏虎)

图 3-5-106

❶ 身体向左转，左脚向右脚后插，脚前掌着地；同时右手持刀使刀尖向下，向左经左臂、肩外侧上举高于头部，刀刃向外，刀尖斜向左下，左手向右腋下穿出，手心向下，指尖向右，目视左前方（图 3-5-106）。

❷ 身体继续向左转，胸向西北，左脚支撑站稳，右腿屈膝上提成独立步；同时右手持刀使刀背贴脊背绕行经体前向左平扫至左腋下，刀刃向左，刀尖向后上方，左手向下经腹前向左、向上划弧架举头上方，手心向上，指尖向右，目视前方（图 3-5-107）。

图 3-5-107

要求：缠头时刀背贴身顺脊背绕行，不要低头拱背。右臂要放松，内外旋腕灵活，左手配合灵活。

38.歇步下截刀(虎歇平地)

身体向左转,右脚向前着地,脚尖向内扣,左脚向右脚后插步,两腿全蹲成歇步;同时右手持刀向前下截出,低不触地,刀刃向外,刀尖向前,左手向下侧平举,手心向下,指尖向左,目视前下方(图 3–5–108)。

图 3–5–108

要求:上体不过于前俯,两臂与刀成一直线,刀尖指向西北。

第五段

39.摆扣步缠头刀(虎尾缠树)

❶ 身体向左转 180°,右脚跟外展,左脚跟内扣,左脚向左前上半步,脚尖外展;同时右手持刀使刀尖向下经左臂外侧向背后绕行上举,刀刃向后,刀尖斜向下,左手向右腋下穿,手心向下,指尖向右,目视左前方(图 3–5–109)。

图 3–5–109

❷ 身体微向左转，右脚向左脚前上一步，脚尖内扣；同时右手持刀使刀背贴靠脊背绕至右肩臂外，手高与头平，刀刃向外，刀尖斜向下，左手向上斜举，手心向上，指尖向右，目视左前（图3–5–110）。

图 3–5–110

❸ 按照(1)(2)动的方法继续走三步，同时右手持刀向右经体前向左划弧至左腋下，刀刃向左，刀尖向后上，左手向左上架举于头上方，手心向上，指尖向右，目视前方(图 3–5–111、图 3–5–112、图 3–5–113)。

图 3–5–111

图 3–5–112

图 3–5–113

要求：边走边缠头，身、步、刀要协调一致运行。胸向东北（图 3–5–114）。

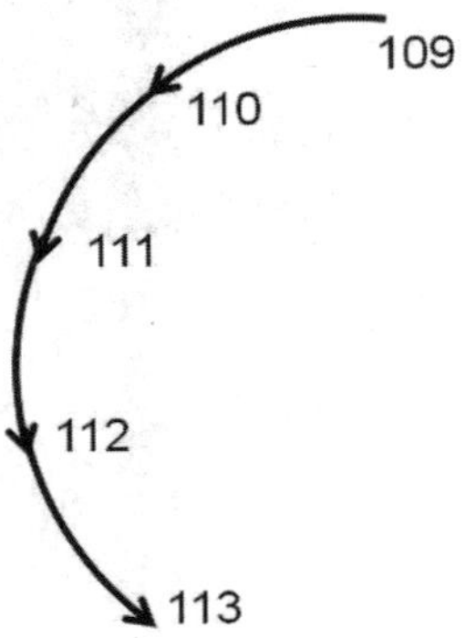

图 3–5–114

40.右蹬脚(开门见山)

图 3–5–115

左脚支撑站稳，右脚屈膝上提向前蹬出，勾脚尖，其他不变（图 3–5–115）。

要求：上体不要前俯后仰，蹬脚方向朝东。

41.上步转身剪腕刀(白虎咬尾)

图 3–5–116

❶ 右脚向前着地，脚尖外展；同时右手持刀向下经左体侧向前划弧至体前，手低于肩，刀刃向前，刀尖向下、左手向下附于右腕部，手心向下，指尖向前，目视两手（图 3–5–116）。

❷ 身体向右转，胸向西，左脚向右脚前上一步成右弓步；同时右手持刀向上、向右前划弧至右侧，手高与肩平，刀刃斜向右前，刀尖斜向上，左手侧举略高于肩，手心向外，指尖向上，目视右前方（图3–5–117）。

图 3–5–117

图 3–5–118

❸ 上式不变，右手持刀腕外旋变手心向上钳握刀，目视右手(图 3–5–118)。

❹ 身体向左转，胸向东，左脚尖外展，右脚蹬跟；同时右手持刀，使刀尖在臂外侧逆时针划立圆继臂内侧划弧至前下，手高与腰平，刀刃斜向下，刀尖斜向下，左手向下收于腰间，手心向上，指尖向前目视前下(图 3–5–119)。

图 3–5–119

要求：整个动作连贯、协调、一气呵成。外剪腕时，身要转动灵活，腕部内外旋转要灵活，臂不能伸得太直，也不能过于屈曲，肩、腰、胯要放松。此动也可以跃步跳起转身，腾空外剪腕着地接做下一动。

42.插步下扎刀(黄龙入洞)

图 3-5-120

身体向左转,右脚向左脚前上一步,脚尖内扣,左脚向右脚后插步,脚前掌着地;同时右手持刀向右下刺刀,刀刃向下,刀尖斜向下,左手向左侧上举,手心向外,指尖向上,目视刀尖方向(图 3-5-120)。

要求:拧腰转胯,两臂与刀成一条斜线。

43.翻身丁步点刀(翻身啄虎)

❶ 身体向左翻转 180° ,胸向南;同时右手持刀向下经右体侧向左侧划弧平举,刀刃向上,刀尖向右,左手向上经头,上方向左侧平举,手心向外,指尖向左,目视左手(图 3-5-121)。

图 3-5-121

图 3-5-122

❷ 身体向左转，右脚向左脚前上一步，左脚向右脚内侧上半步，脚尖着地成丁步；同时右手持刀向上，向右前下点刀，刀刃向下，刀尖斜向下，左手向下，向左划弧架举头上方，手心向上，指尖向右，目视刀尖(图 3-5-122)。

要求：翻转要灵活，不宜过快，两臂抡立圆，两腿屈蹲，不要凸臀，上体不要前俯，点刀要屈腕上提，力达刀尖。

44.八字步抱刀(抱虎归山)

身体微左转，左脚向左前上一步，右脚向左脚内侧上半步，脚尖相对成八字步；同时右手持刀向上，向左侧划弧至左肩前，刀刃向外，刀尖斜向上，左手向左下划弧至右腕部，手心向下，指尖向左，目视刀刃(图 3-5-123)。

图 3-5-123

要求：上体保持中正，两腿微屈，臀要收敛，两臂环抱，呼吸自然，气宜下沉。

第六段

45.摆扣步裹脑刀(虎尾缠树)

❶ 身体微向右转，右脚向右前方上一步，脚尖外展；同时两手微向前伸，其他不变(图 3–5–124)。

图 3–5–124

图 3–5–125

❷ 身体微向右转，左脚向右脚前上一步，脚尖内扣；同时右手持刀向前分，刀刃向前，刀尖向左，左手向左分，手心向下，指尖向前，目视前下(图 3–5–125)。

❸ 按照(1)(2)动的方法继续沿弧走四步；同时右手持刀向右上经右臂外侧上举于头上方，向后经背部向左肩绕行至左膝外，刀刃向下，刀尖斜向下，左手屈肘横于胸前，手心向下，指尖向右，目视刀尖(图 3–5–126、图 3–5–127、图 3–5–128、图 3–5–129)。

图 3-5-126

图 3-5-127

图 3-5-128

图 3-5-129

要求：边走步边裹脑，要手、足、身、刀协调一致，动作连贯完整做好。裹脑时手腕内外旋转要灵活放松，不能僵硬，不要低头、耸肩、拱背（图 3-5-130）。

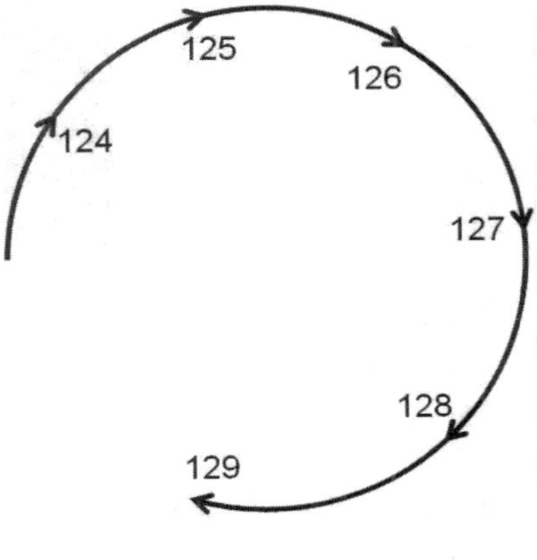

图 3-5-130

46.右弓步藏刀(林中藏虎)

图 3-5-131

身体微向右转，右脚向右前上一步，脚尖内扣成右侧弓步；同时右手持刀使刀尖向下经右膝至右腿外侧，刀刃向下，刀尖向前下，左手向前推出，手心向外，指尖向上，高不过眉，目视左手（图 3-5-131）。

要求：胸向西北，手向西方，上体不要左右前俯，两臂不能挺直，刀尖不能超出右膝，要将刀藏起来，全身放松，姿势体现舒展大方。

47.左右抡劈刀(左右车轮)

❶ 身体向左转，左脚向右脚前上一步，脚尖外展，右脚跟提起；同时右手持刀向后抽，向上、向前下经左体侧向左抡劈，刀刃向下，刀尖斜向左后下，左手随之附于右前臂，手心向内，指尖斜向上，目视刀尖（图 3-5-132）。

图 3-5-132

❷ 身体向右转，右脚向左脚前上一步，脚尖外展，左脚跟提起；同时右手持刀向上、向前经右体侧向右抡劈，刀刃斜向上，刀尖斜向下，左手侧上举，手心向外，指尖向上，目视刀尖（图 3–5–133）。

图 3–5–133

要求：动作连续向右、向左抡劈成立圆，以腰为轴，左右转动，抡劈时手腕内旋外转要灵活放松，肩松臂直，防止僵硬。

48.上步剪腕刀(飞龙咬尾)

图 3–5–134

身体向左转，胸向西南，左脚向右脚前上一步，右脚向前上一步；同时右手持刀向上，向右前划弧至肩平使腕内旋外转，刀在臂内侧划一立圆，刀刃斜向外，刀尖斜向上，高于头部，左手向下经腹前向左侧举，手心向外，指尖向上，高与头平。目视刀尖（图 3–5–134）。

要求：剪腕时肩、臂、手腕放松，以腕为轴内旋划立圆。此动也可以跳步转身腾空内剪腕着地。

49.转身退步撩刀(逆风撩阴)

图 3-5-135

身体左转 180°，胸向东，右脚尖内扣，左脚向后退一步成右弓步；同时右手持刀向下经右体侧向前撩出，略低于肩，刀刃斜向上，刀尖斜向下，左手向下经左体侧向左上划弧架举头上方，手心向上，指尖向右，目视刀刃(图 3-5-135)。

要求：撩刀时上体不要过于前倾，臂外旋手心向上。

50.插步绞刀(猛虎绞尾)

❶ 身体向左转，右脚向左脚后插步；同时右手持刀，向左划弧至左体侧，高与腹平，刀刃向下，刀尖向左，左手附在刀背中段，手心向下，指尖向外，目视刀尖(图 3-5-136)。

图 3-5-136

图 3-5-137

❷ 左脚向左上一步；同时两手使刀尖从左向上向右划弧，手刀不变，目视刀尖（图 3-5-137）。

❸ 按照（1）（2）动的方法继续插步上步两次完成三次绞刀（图 3-5-138、图 3-5-139、图 3-5-140、图 3-5-141）。

图 3-5-138

图 3-5-139

图 3-5-140

图 3-5-141

要求：绞刀连续有节奏，肩、臂、腕、腰、膝、足要灵活，敏捷并富有弹性。

51.后点步扎刀(登山射虎)

图 3-5-142

身体重心前移，左脚向左前上半步，右脚前脚掌着地成后点步；同时右手持刀向左前方扎出(西北方)，刀刃向下，刀尖向前，左手向下经腹前向左侧平举，手心向下，指尖向左，目视刀尖（图 3-5-142）。

要求：扎刀时要拧腰转胯，蹬腿顺肩，肩、臂、刀、基本上在一条线上，不要挺胸抬头。

52.裹脑弓步藏刀(林中藏虎)

❶ 身体微向左转，右脚向左脚前上一步，脚尖外展；同时右手持刀向下、向左划弧至左侧，刀刃斜向下，刀尖向左，左手向下经腹前附于右前臂上，手心向下，指尖向右，目视刀尖(图 3-5-143)。

图 3-5-143

图 3-5-144

❷ 身体向右转 270° ，左脚向右脚前上一步，脚尖内扣站稳，右膝提起；同时右手持刀向右平扫经右臂外侧上举过头，刀尖向下，刀背贴脊背经左肩至右膝前，刀刃向外，刀尖向下，左手向左划弧、向下经腹前至胸前，手心向下，指尖向右，目视刀尖方向(图 3-5-144)。

❸ 身体微向右转，胸向南，右脚向右横一步成右侧弓步；同时右手持刀经右膝向右腿外侧藏刀，刀刃向下，刀尖向前，左手向前推出，手心向前，指尖向上，目视左手（图 3–5–145）。

图 3–5–145

要求：裹脑时右手腕、臂要灵活内旋、外转使刀运行圆活，左手配合协调。上体始终保持中正，不前俯后仰，耸肩拱背，低头歪颈。

53.缠头接握刀(左右交接)

图 3–5–146

❶ 右腿伸直站稳，左腿屈膝提起；同时右手持刀举臂过头，使刀尖向下经左膝、左臂外侧至肩旁，刀刃向外，刀尖向下，左手屈肘横于胸前，手心向下，指尖向右，目视刀尖下方（图 3–5–146）。

图 3-5-147

❷ 身体向左转，左脚向左横一步成左侧弓步；同时左手向右经右腋下、腹前向左划弧至左侧举，手心向上，右手持刀向上，使刀背贴脊背绕行右肩外向左扫至左侧臂内旋，手心向下，使刀尖向左后，刀柄向左前，刀刃向外，与左手相合交接刀，目视两手（图3-5-147）。

要求：右手持刀上举臂内旋，肩臂放松，高于头部时，要防止耸肩低头。

54.收势(回头归穴)

❶ 身体微向右转，重心偏于右脚，两脚尖向南；同时左手接握刀屈臂微向下，右手向下经腹前向右侧平举，手心向前，指尖向右，目视右手（图3-5-148）。

图 3-5-148

图 3-5-149

❷ 身体微向左转，胸正向南，右脚向左脚内侧收半步成开立步；同时两手向前划弧平举，宽与肩宽，手心均向下，刀刃向上，刀尖向后，目视前方（图3-5-149）。

❸ 两腿自然直立；同时两手向下自然垂于身体两侧，手心均向内，左手抱刀，刀刃向前，刀尖向上，目视前方（图3-5-150）。

图 3-5-150

图 3-5-151

❹ 身体重心缓慢移至右脚，左脚缓慢向右脚内侧并拢，目视前方(图 3-5-151)。

要求：收势轻松自然，不能太慢也不能太快。要连贯、圆活、缓慢。全身要放松，呼吸要深、匀、气和、神气归元。

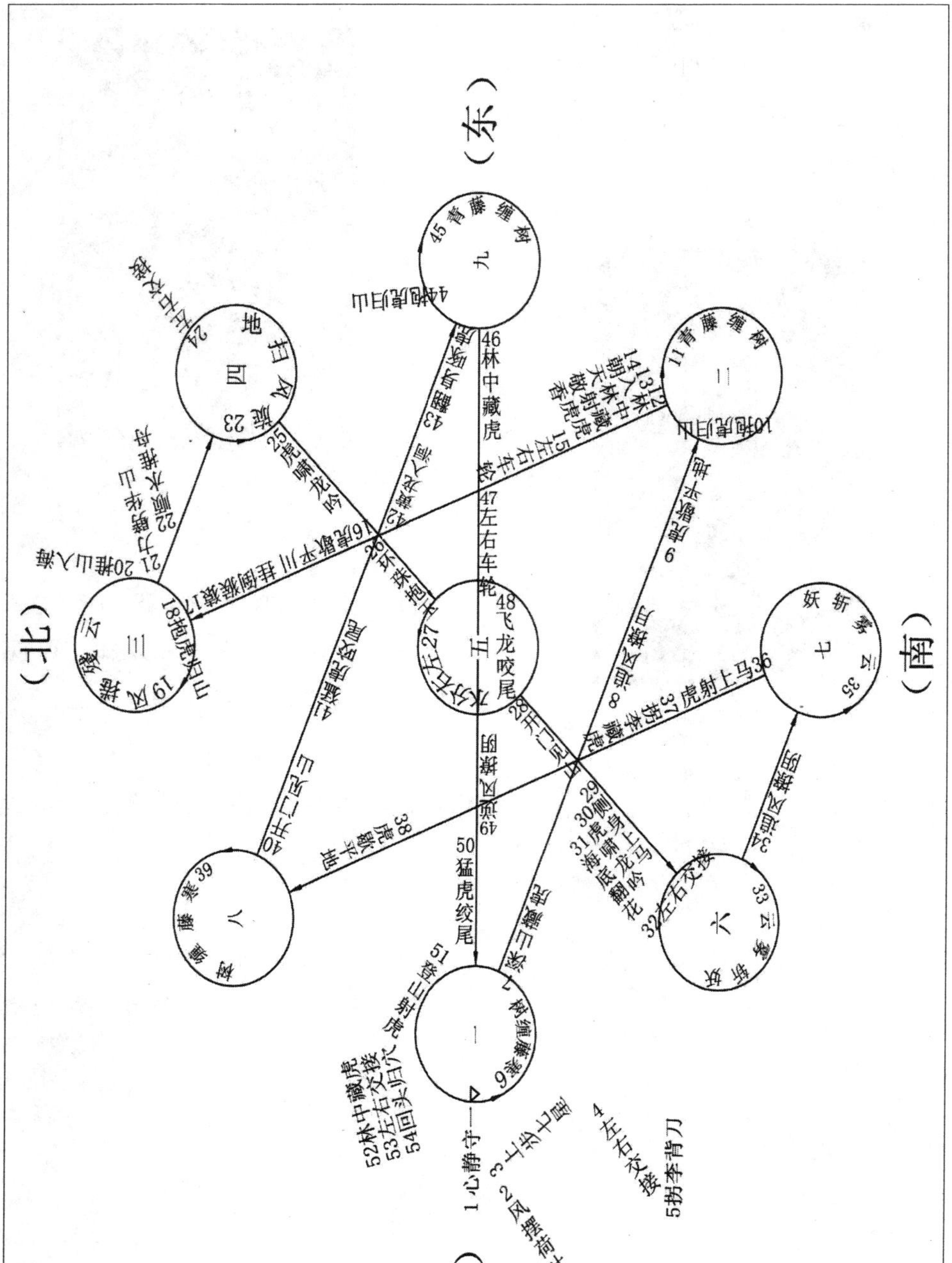

图3-5-152 九宫八卦太极刀套路动作名称路线图

扫码观看九宫
八卦太极大枪视频

第四章 九宫太极大枪

第一节 概 述

枪，古代称为矛，是我国古代兵器中的一种主要刺兵，素有“百兵之王”的称谓。自古以来，枪的形制种类繁多。宋代有单钩枪、双钩枪、环子枪、拐枪等；明代有长枪、铁钩枪、龙刀枪等；清朝有长枪、蛇枪、钉枪、钩镰枪、雁翎枪等。以上枪名大都是枪头的形状而命名。以枪杆的长短粗细不同，又分为大枪，花枪两种。故有“丈八大枪，七尺花枪，双枪六尺”之说。由于枪的使用可追溯到原始社会，加之枪的制作简便，刺杀能力强，故自秦汉以后，戈废戟衰，而枪独存，成为古战场上的主要兵器。即是在火箭，导弹异常发达的今天，短兵相接时，依然离不开枪的使用技术，足见枪在我国古代军事和武术发展中的重要地位。由此，对枪的技术研究受到历代军事家，武术家的重视。所以发展到明清时期，出现了戚继光《纪效新书》，何良臣《战记》，程宗猷《耕余剩技·长枪法选》，吴殳《手臂录》等，对枪术有深入研究的经典著作。他们对枪术的发展起了重要的作用，使两人比试枪技和单人舞枪术等运动形式也日臻完备；枪术套路运动也得到了不断发展，使其形式多样，内容更加丰富。当今社会上还保存有八卦大枪、六合大枪、阴符枪、太极枪、珍珠滚盘大枪、武当龙门十三枪等传统套路，枪术成为现代武术主要的竞赛项目。

九宫太极大枪乃太极门长兵器的一种。此套路聚我恩师温敬铭教授的“六合大枪”精湛技法及祖传“九宫八卦大枪”精艺融为一体，内容丰富，传统性与技击性强。习此术者，需要有一定的太极拳功力，否则不易掌握其要领。历来太极名家对此枪术深自秘惜，非入室弟子不传，故至今仍然流传不广，很多地方已濒于失传，无人问津。九宫太极大枪以拦、拿、扎、绕圈及大抖枪为基本功练习。要求“其根在脚，发于腿，主宰于腰，形于手指，”使松沉之内劲贯于枪尖。以拦、拿、扎、抖、圈、劈、崩、点、调、缠、格、挑及把法等技巧组成套路练习，而其中变化之妙，又何止千百。

第二节 大枪的结构与名称

一、大枪的结构与名称

1.大枪的结构

由枪头、枪杆、枪缨及钢珠构成。枪头用金属制造；用白蜡杆做枪杆最好；枪缨多以犀牛尾、牦牛尾，马尾染红而制成。大枪长约 3m（包括枪头），白蜡杆把粗直径约 5cm，枪头长约 30cm，重量约 500g。另外，枪库套装在白蜡杆稍端，其间留有空库，内装 3~5 颗钢珠，使枪挥动即响，体现练枪的力度，也以响壮声威，增添练习者的趣味。

二、大枪的部位名称

九宫太极大枪分为枪把、枪头、枪缨、枪库、枪尖、枪叶。

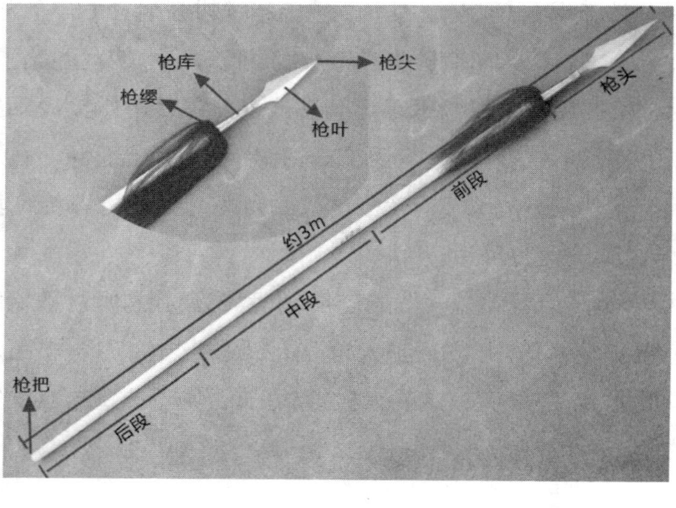

第三节　主要枪法与要求

一、主要枪法

(1)拦枪。半马步两手持枪，身体向右转，重心微右移；同时右手握把上翻使枪后段从右腰侧逆时针滚动至左腰侧，左手持枪外扣拦枪使枪尖逆时针划弧。要求以腰为主宰，枪杆不离腰，左手松握枪杆，起支撑点作用。

(2)拿枪。承拦枪，身体向左转，重心向前移成半马步；同时右手握把向下翻，使枪后段从左腰侧顺时针滚动至右腰侧，左手持枪内扣拿枪使枪尖顺时针划弧。要求同拦枪。

(3)扎枪。承拿枪，重心前移成左弓步，右手持把向前扎枪，左手滑至枪把与右手贴紧。要求右腿蹬跟，拧腰转胯，腰为主宰沉蓄发内劲，力达枪尖，扎枪一条线。

(4)抖枪。有下抖，中抖，上抖枪。以中抖枪为例。右手握把，高与右肩平，微屈臂，起制动作用；左手持枪中段平推出，使枪身前段颤动，力达枪尖。要求左腿蹬跟，拧腰转胯，腰为主宰沉蓄发内劲，“其根在脚，发于腿，主宰于腰，形于手指”的发劲方法，达到枪前段颤动，力达枪尖。

(5)圈枪。“枪总用之则为一圈”。所谓“圈”，就是枪头经常在圆线或弧线上运动。许多枪法无不出自一圈。如拦枪，则是枪头逆时针绕半圈，拿枪是枪头顺时针绕半圈。调枪为下半圈。圈不宜过大。

(6)劈枪。两手持枪由上向下劈，使枪杆颤动，力达枪前段。

(7)崩枪。承扎枪式，右手抽枪把至右腰侧，左手滑枪制动，使枪尖崩起，力达枪尖。

(8)点枪。右手握把向上屈腕前送，左手持枪松活托住枪杆配合右手向前下或左或右点出。注意右手腕向手背方向后屈。

(9)调枪。右手握把至腹前，左手持枪使枪尖从左向下、向右划下半圈或从右向下向左划下半圈,连续作为调枪。

(10)把法。马步横击把,挑把,格把。以横击把为例,右手抽把滑握枪中段,左手滑至枪前段置于左腰侧固定,右手握枪中段将枪把向前横击出。力达枪把端。

二、要求

(1)持枪稳活。持枪的基本方法是“前手如管,后手如锁”。后手握住枪把末端,将枪把置于手心中,前手是枪的支点,虎口朝上,要能使枪在手中来回滑动。正如吴殳《手臂录》中所说:“持枪必须尽根,余谓枪根当在掌心中,与臂骨对直,则灵活而长”。这种持枪法,要求手腕灵活,有利于出枪进退变化莫测,达到“一寸长,一寸强”的效力。

(2)枪不离腰。“枪是缠腰锁”。大枪一般都要使枪后段紧贴腰腹部,使枪有个稳定的依托,以便于从腰部发力。如果枪后段不紧贴腰腹部,“夫拿,拦而枪根稍起,则全体皆浮。”整个枪法就会漂浮无力,所以枪后段必须紧贴腰腹部,出枪要从腰间出,抽枪也要使枪后段抽回到腰腹间。

(3)势贵四平。大枪之势贵在四平,是持枪的基本姿势。所谓“四平”:即肩平、顶平、脚平、枪平。前三平是身体的姿势,体现出精神饱满,神形威武。枪平才能易攻易守,出枪快而有力。《手臂录》中谓:“持龙(枪)之法,贵平坐膝,身心手足,相应为佳。”

(4)力达枪尖。枪法以扎为主。凡是大枪之扎必须“其根在脚,发于腿,主宰于腰,形于手指,”将全身之力通过枪杆直送到枪尖,力达枪尖才能发挥“透壁”之威力。扎枪时顺肩,拧腰,蹬跟,后腿微伸直,直线向前用力。发力要短捷柔和,后手接近前手时猛然用“寸劲”将枪扎出,然后收枪于腰腹间,做到“去如箭,来如线”。扎枪最忌甩腕,甩腕则力浮而不沉,枪摇而不稳。《手臂录》中谓“枪之用在两腕,臂以助腕,身以助臂,足以助身,乃合而为一。”合一用力,才能力达枪尖。

(5)三尖相照。所谓“三尖”即鼻尖、枪尖、脚尖。上照鼻尖,中照枪尖,下照脚尖。就是要求三尖经常保持在一个竖直的平面上。三尖相照则可上护目,下护脚,侧身向前攻守俱便。这样不仅姿势紧凑,气势雄厚。有利于力量的凝聚。

而且从功防意义来说也更为合理，练习大枪通过实践逐步做到这一点。

(6)枪扎一线。枪是刺兵，其法以扎为主。“枪扎一条线”是扎枪的基本要求。扎是以枪尖攻击对方，着力于枪尖一点，出枪平直，直线向前，扎枪才有力。同时枪直行，线路才短，出枪才快。扎枪时还要控制住枪，不使枪上下波动、左右摇晃，这样才能达到“枪扎一条线”，力达于枪尖。

(7)工于一圈。所谓“圈”就是枪尖经常在圆圈或弧线上运动。《手臂录》中谓“枪总用之则为一圈”。许多枪法无不出自一圈，如拦、拿是枪头绕圈的左半圈和右半圈。缠枪是枪头重复绕整圈。吴殳在《手臂录》中“惟下久苦之工于一圈，熟而更熟，精而益精”。枪法说：“枪之元神只有一圈”。可见“圈”在枪法中的特殊地位。用“圈枪”便于从守转为攻，也易于从攻转为守，有许多枪技都是由圈过渡。所以说“圈”之用于枪，攻守无处不在。在练习时圈不宜过大，因为“人身之高，不过五尺，侧身对敌，不满尺余”，“圈”太大则不易进攻和防守。

第四节　套路动作图解及演示路线图

第一，并步站立持枪于场地右侧，面南背北，右西左东方向，便于初学可以直来直去往返，传统套路是走四正方路线。第二，图中实线表示下一动枪尖与右脚的运行路线，虚线表示枪把与左脚运行路线。第三，太极大枪演练时，要柔和、缓慢、轻灵、动作圆活，前后贯串，快慢相间，节奏明显，沉、蓄、发、整，协调一致。

第一段

1.并步持枪

并步站立，右手持枪中下段垂直于右体侧，枪把在右脚外大约 10cm 着地。左手自然垂于左体侧。眼视前方(图 4-3-1)。

图 4-3-1

2. 半马步劈枪

图4-3-2

❶ 身体微向右转；左手从左侧向右上方接握枪身中段，高与胸平，眼视右前方(图 4-3-2)。

❷ 身体向左转，右腿屈膝，左脚向前上步，脚跟着地；同时两手持枪上举于胸腹前，左手握枪身中段高于头部，右手握枪把于腹前，眼视前方（图 4–3–3）。

图4–3–3

图4–3–4

❸ 身体重心下沉，左脚踏实成半马步，同时两手持枪向下平劈，右手握枪把置于右腰侧，左手握枪中段在前，枪尖向东，眼视枪尖方向（图 4–3–4）。

3. 弓步扎枪

重心前移成左弓步，右手推把向前扎枪。眼视枪尖方向（图 4–3–5）。

图4–3–5

4. 弓步拦 拿扎枪

❶ 身体微向右转，重心后移成半马步；同时右手抽把收于右腰侧，随即向上翻把，左手持枪外扣拦枪，眼视枪尖（图 4–3–6）。

图4–3–6

❷ 身体微向左转，重心微前移成半马步；同时右手握把下翻置于右腰侧，左手持枪内扣拿枪，眼视枪尖（图 4–3–7）。

图4–3–7

❸ 重心前移成左弓步，右手推把向前扎枪，眼视枪尖（图 4-3-8）。

图4-3-8

5. 盖步拦拿扎

❶ 身体微向右转，右脚向左脚前盖步；同时右手抽把至右腰侧，随即上翻把，左手持枪外扣拦枪，眼视枪尖（图 4-3-9）。

图4-3-9

❷ 身体微向左转，左脚向前上步成半马步，同时右手握把下翻，左手持枪内扣拿枪，眼视枪尖（图 4–3–10）。

图4–3–10

❸ 重心前移成左弓步，右手握把向前扎枪，眼视枪尖（图 4–3–11）。

图4–3–11

6. 插步拦拿扎枪

❶ 身体微向右转，右脚向左脚后插步；同时右手抽把于右腰侧上翻，左手持枪外扣拦枪，眼视枪尖（图 4–3–12）。

图4–3–12

❷ 身体微向左转，左脚向前上步成半马步；同时右手握把下翻，左手持枪内扣拿枪，眼视枪尖（图 4–3–13）。

图4–3–13

❸ 重心前移成左弓步，右手推把向前扎枪，眼视枪尖（图 4–3–14）。

图4–3–14

7. 跳步拦拿扎

❶ 右脚前上摆起，左脚起跳腾空；同时右手抽把收于右腰侧，随即完成拦拿枪，眼视枪尖（图 4–3–15、图 4–3–16）。

图4–3–15

图4–3–16

❷ 右脚先着地，左脚向前上步成半马步，眼视枪尖（图 4–3–17）。

图4–3–17

❸ 重心前移成左弓步，右手推把向前扎枪，眼视枪尖（图 4–3–18）。

图4–3–18

8. 弧形步拦拿扎枪

❶ 右脚向右前方上步，即两脚交替向场地的右前方行走四步成弧形步；同时右手抽把收于右腰侧，一步一拦，一步一拿枪，眼视枪尖（图 4–3–19、图 4–3–20、图 4–3–21、图 4–3–22）。

图4–3–19

图4-3-20

图4-3-21

图4-3-22

❷ 身体微向左转，右脚绕左脚向前上步成右弓步扎枪，眼视枪尖（图 4-3-23）。

图4-3-23

9. 插步拦拿扎枪

❶ 身体向右转，左脚向右脚前上步，右脚向左脚后插步；同时右手抽把于右腰侧上翻，左手持枪外扣拦枪，眼视枪尖（图 4-3-24）。

图4-3-24

图4-3-25

❷ 身体向左转，左脚向前上步成半马步；同时右手握把下翻，左手持枪内扣拿枪，眼视枪尖(图 4-3-25)。

❸ 重心前移成左弓步；同时右手握把向前扎枪，眼视枪尖(图 4–3–26)。

图4–3–26

10. 转身弓步抽枪

身体向右转，右脚尖外摆，左脚蹬跟拧腰转胯成右弓步；同时右手握把向右后抽至右肩前，左手握枪中段内扣，枪身斜向下，枪尖不触地，眼视枪尖(图 4–3–27)。

图4–3–27

11. 拗弓步扎枪

图4–3–28

❶ 左脚向右脚前上步，脚尖外摆，身体向左转，右脚提膝绕左脚；同时右手握把下翻拿枪至右腰侧，左手持枪中段，眼视枪尖(图 4–3–28)。

❷ 右脚向左脚前上步成右弓步；同时右手推把向前扎枪，眼视枪尖（图 4-3-29）。

图4-3-29

12. 提膝下扫枪

图4-3-30

身体向左转，提左膝；同时右手握把抽至右腰侧，左手持枪从右前向左扫至左后侧，枪尖高不过膝，低不触地。枪身斜向下，右手握把与肩平，眼视枪尖（图 4-3-30）。胸向西。

第二段

13. 弓步下抖枪

图4-3-31

❶ 左脚向右脚前上步，右脚向左脚前上步成马步，身体向右再向左转；同时右手握把向下至腹前，左手持枪滑杆使枪尖从左后下方，向右上方逆时针划弧至左上方（图4-3-31）。

❷ 身体向右转成右弓步；同时右手握把向上至右前上方，高不过头固定，左手持枪使枪尖从左上向前下划弧推抖，高不过膝，低不触地，眼视枪尖(图 4-3-32)。

图4-3-32

14. 弓步中平抖枪

方法同 13 动，两手持枪平推抖枪与肩平（图 4-3-33、图 4-3-34)。

图4-3-33

图4-3-34

15. 弓步上抖枪

方法同13动，右手握把至右胯侧固足。左手持枪与肩平，向上推抖枪。（图4-3-35、图4-3-36）。

图4-3-35

图4-3-36

16. 丁步横抖枪

❶ 右脚向左脚后退步，左脚向右脚后退步；同时右手握把置右腰侧，左手持枪使枪尖顺时针划一圈，眼视枪尖（图 4-3-37、图 4-3-38）。

图4-3-37

图4-3-38

❷ 右脚收至左脚内侧脚尖着地成丁步；同时右手握把固定右腰侧，以腰发内劲，左手持枪左横抖，眼视枪尖（图 4–3–39）。

图4–3–39

17. 左丁步横抖枪

❶ 右脚向右前上步，左脚向右脚前上步；同时右手握把置于右腰侧，左手持枪使枪尖逆时针划一圈，眼视枪尖（图 4–3–40 、图 4–3–41）。

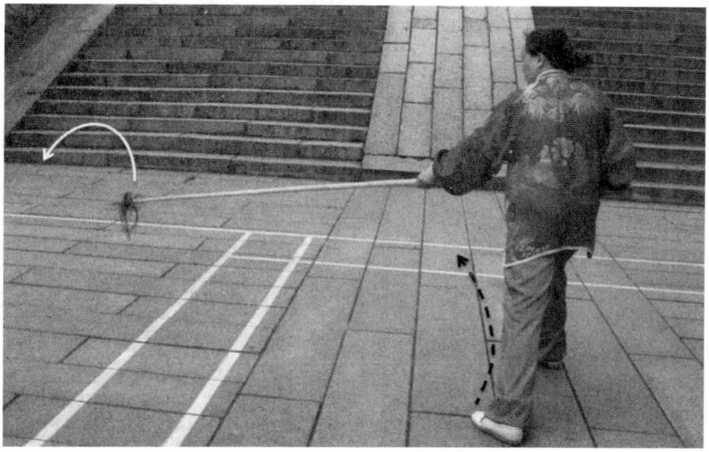

图4–3–40

图4-3-41

❷ 右脚向左脚前上步，左脚收至右脚内侧，脚尖着地成丁步；同时右手握把固定右腰侧，以腰发内劲，左手持枪向右前横抖，眼视枪尖（图 4-3-42）。（重复两次丁步横抖枪动作）

图4-3-42

18. 左右丁步调枪

❶ 左脚向左前上步，右脚收至左脚内侧脚尖着地成丁步；同时右手握把置于腹前，左手持枪顺时针划弧至左前，眼视枪尖(图 4–3–43)。

图4–3–43

❷ 右脚向右前上步，左脚收至右脚内侧脚尖着地成丁步；同时两手持枪逆时针划弧至右前，眼视枪尖（图 4–3–44）。（重复左右丁步调枪动作两次）

图4–3–44

19. 左右丁步点枪

❶ 左脚向左前上步，右脚收至左脚内侧脚尖着地成右丁步；同时两手持枪使枪尖顺时针划弧，左手托枪，右手握把向上腕后屈向右下点枪，眼视枪尖（图4–3–45）。

图4–3–45

❷ 右脚向右前上步，左脚收至右脚内侧脚尖着地成左丁步；同时两手持枪使枪尖逆时针划弧，左手托枪，右手握把向上腕后屈向左下点枪，眼视枪尖（图4–3–46）。

图4–3–46

20. 弓步扎枪

❶ 左脚向左前上步，右脚向左脚后插步，左脚向左前上步成半马步；同时两手持枪使枪尖顺时针划一圈，眼视枪尖（图 4–3–47、图 4–3–48）。

图4–3–47

图4–3–48

❷ 重心前移成左弓步，右手推把向前扎枪，眼视枪尖（图 4–3–49）。

图4–3–49

21. 提膝格把

身体向左转，左脚支撑站稳，右腿屈膝提起；同时两手滑枪右手持中段，左手持前段，将把由右侧向右前下格出，枪尖斜向左上，枪把不触地，眼视枪把（图 4–3–50）。

图4–3–50

22. 弓步反扎枪

身体向右转，右脚向前着地成右弓步；同时两手滑枪至中段，左手在前，右手在后，使枪把斜向左侧，即右手推送枪后段反扎枪。枪夹略高于头，左手滑贴近右手，眼视枪尖（图 4–3–51）。

图4–3–51

23. 转身提膝下扎枪

身体向左转，左腿屈膝提起；同时两手滑枪至后段右手握把向下推把扎枪左手滑贴近右手，眼视枪尖（图 4–3–52）。

图4–3–52

24. 并步崩枪

右脚向左脚内侧着地成并步；同时右手抽把下沉至右胯侧使枪尖向上崩起，左手持枪制动使枪尖上崩有劲，眼视枪尖（图4–3–53）。胸向东南，枪尖向东。

图4–3–53

第三段

25. 半马步劈枪

身体微向左再向右转，左腿屈膝提起，两手持枪使枪尖向上，左脚向前下着地成半马步；同时右手握枪把置于右腰侧，左手持枪中段向下劈枪，眼视枪尖（图4–3–54、图4–3–55）。

图4–3–54

图4-3-55

26. 弓步扎枪

身体向左转，重心前移，成左弓步；同时右手握把向前推送扎枪，眼视枪尖（图4-3-56）。

图4-3-56

27. 盖步崩枪

右脚向左脚前盖步下蹲成歇步；同时右手握把后抽下沉置于左踝内侧不触地，左手持枪制动使枪尖向上崩起，眼视枪尖（图 4-3-57）。（重复 25、26、27 动两次）。

图4-3-57

28. 上步三点枪

左、右，左脚交替上三步；同时右手握把从下向上后屈腕点枪，左手持枪上托支撑，一步一点，眼视枪尖(图 4-3-58、图 4-3-59、图 4-3-60)。

图4-3-58

图 4–3–59

图 4–3–60

29. 跃步低平枪

右脚向前上摆起，左脚起跳腾空，右脚向前着地屈膝全蹲，左脚向前上步腿伸直，脚内扣成仆步；同时两手持枪向下压，枪不触地，眼视枪尖（图 4–3–61、图 4–3–62、图 4–3–63）。

图4-3-61

图4-3-62

图4-3-63

30. 马步横击把

图4-3-64

身体向左转，左脚尖外展，右脚向前上步内扣成马步；同时两手持枪滑杆，左手滑握枪前段，手心向上置于左腰侧，右手滑握枪中段，虎口向枪尖横击把，眼视枪把（图4-3-64）。

31. 侧弓步劈枪

图4-3-65

身体向右转，左脚向左前上半步成右侧弓步；同时两手持枪滑杆，右手滑握枪把置于右腰侧，左手滑握枪中段由后向上向前下劈平，眼视枪尖（图4-3-65）。

32. 弹腿上挑

右脚支撑站稳、左脚屈膝弹出，高与胯平，力达脚尖；同时右手握把置于右胯内侧，左手持枪上挑，枪尖斜向左上，眼视弹腿方向（图 4–3–66）。

图4–3–66

33. 半马步劈枪

身体微向右转，左脚向前着地成半马步；同时右手握把置于右腰侧，左手持枪由上向下平劈，眼视枪尖（图 4–3–67）。

图4–3–67

34. 提膝格把

身体向左转，左脚尖外摆支撑站稳，右屈膝提起，脚尖向下；同时两手持枪滑杆，左手持枪前段，右手持枪中后段格把，眼视枪把段（图 4–3–68）。

图4–3–68

35. 弓步反扎枪

图4–3–69

右脚向前着地成右弓步；同时两手持枪使枪尖斜向前，左手在前，右手在后，使枪把斜向左侧，即右手推送枪后段反扎枪，枪尖略高于头左手滑贴近右手，眼视枪尖（图 4–3–69）。

36. 退步挑把

右脚向左脚后退半步，上体微后仰；同时两手持枪滑杆，左手持枪前段，右手持枪中段即挑把，把高与裆平，枪尖斜向后上，眼视枪把方向（图 4–3–70）。

图4–3–70

37. 转身弓步反扎枪

图4–3–71

身体向右转成右弓步；同时两手持枪置于胸前，使枪尖斜向前，左手在前，右手在后，使枪把斜向左侧，即右手推送枪后段反扎枪，枪尖略高于头，左手滑贴近右手，眼视枪尖（图 4–3–71）。

38. 转身提膝下扎枪

图4-3-72

身体向左转，左腿屈膝提起，脚尖向下，右脚直立站稳；同时右手滑握把端，两手持枪使枪尖从左上向右下即右手推送把下扎枪，枪尖不触地，左手滑贴近右手眼视枪尖（图 4-3-72）。

39. 弓步扎枪

图4-3-73

左脚向前着地成左弓步；同时左手滑水平至 4 段，两手持枪使枪尖顺时针划弧，右手推把向前扎枪，眼视枪尖（图 4-3-73）。

40. 上步转身横抖枪

身体向左转，右脚向左脚前上一步，脚尖内扣，左脚尖外展成半马步；同时右手抽把至右腰侧，左手持枪使枪尖从东向西平拉横抖枪，眼视枪尖（图4-3-74）。胸向西北。

图4-3-74

第四段

41. 翻身弓步下抖枪

图4-3-75

❶ 身体微向左转，左脚向右前方横一步，脚尖外展，右脚跟提起；同时两手持枪斜上举，枪尖向下，高不过膝，低不触地，眼视枪尖（图4-3-75）。

❷ 身体向右后翻转，两前脚掌捻转；同时两手持枪高举过头置于胸前，右手握把在左肩外侧，左手持枪在右臂上方置于右肩外侧，两臂交叠，枪尖高不过膝，低不触地，眼视枪尖（图4–3–76）。

图4–3–76

图4–3–77

❸ 身体向右转，右脚向右侧前上一步成右弓步；同时右手握把经腹前向上至右肩上方与头平制动，左手持枪微屈臂推抖，使枪擅动，枪尖高不过膝，低不触地，眼视枪尖（图 4–3–77）。

42. 翻身弓步下抖枪

方法同 41 动（图 4–3–78、图 4–3–79、图 4–3–80）。

图4–3–78

图4-3-79

图4-3-80

43. 翻身弓步下抖枪

方法同第41动(图4-3-81、图4-3-82、图4-3-83)。第41、42、43动走一圆,枪尖在圆心,第43动弓步下抖枪枪尖向西北。

图4-3-81

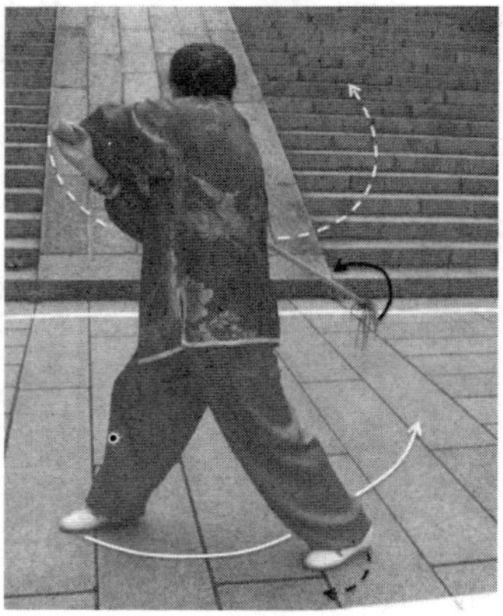

图4-3-82

图4-3-83

44. 弓步扎枪

❶ 身体向左转，右脚向左脚后插步，左脚向左前上步成半马步；同时两手持枪使枪尖顺时针划一圈成中平枪，眼视枪尖（图 4–3–84、图 4–3–85）。

图4–3–84

图4–3–85

❷ 重心前移成左弓步，右手推把向前扎枪，眼视枪尖（图 4–3–86）。

图4–3–86

45. 换手转身拗弓步劈枪

图4-3-87

❶ 身体向左转，右脚向左脚前上步成半马步；同时两手交换，左手握把，右手持枪，眼视枪尖(图 4-3-87)。

图4-3-88

❷ 身体向左转成左弓步；同时两手持枪由后向前下平劈枪，左手握把在左腰侧，右手持枪在前，眼视枪尖(图 4-3-88)。(枪尖向东)

46. 弹腿挑枪

左腿微屈膝站稳，右腿屈膝弹出，高与胯平，力达脚尖；同时左手持把置于左胯内侧，右手持枪上挑，枪尖斜向后上，眼视脚尖方向（图 4-3-89）。

图 4-3-89

47. 拗弓步劈枪

图 4-3-90

右脚向左脚后退步成左弓步；同时两手持枪从后上向前下劈平，左手握把在左腰侧，右手持枪在前，眼视枪尖（图 4-3-90）。

48. 弓步左拦拿扎枪

❶ 左脚向右脚后退步，身体向左转成左侧弓步；同时左手握把上翻使枪后段从左腰侧顺时针滚动至右腰侧，右手持枪外扣拦枪，眼视枪尖（图4–3–91）。

图4–3–91

图4–3–92

❷ 身体向右转成半马步；同时左手握把下翻，使枪后段从右腰侧逆时针滚动至左腰侧，右手持枪内扣拿枪，眼视枪尖(图4–3–92)。

图4–3–93

❸ 重心前移成右弓步，左手推把向前扎枪，枪身、手臂与肩平，眼视枪尖（图4–3–93）。（重复左拦拿扎枪动作两次）

49. 换手弓步拦拿扎枪

图4-3-94

❶ 身体向右转，右脚向左脚后退步成半马步；同时两手交换，右手握把，左手持枪，眼视枪尖（图 4-3-94）。

图4-3-95

❷ 身体向右转，重心微后移；同时右手握把上翻使枪后段从右腰侧逆时针滚动至左腰侧，左手持枪外扣拦枪，眼视枪尖（图 4-3-95）。

图4-3-96

❸ 身体向左转成半马步；同时右手握把下翻使枪后段从左腰侧顺时针滚动至右腰侧，左手持枪内扣拿枪，眼视枪尖（图4-3-96）。

图4-3-97

❹ 重心前移成左弓步，右手推把向前扎枪，眼视枪尖（图4-3-97）。

50.收势

❶ 身体向右转成右弓步；同时两手持枪使枪把在右脚外侧落地，枪身垂直，右手滑至枪后段，左手滑至枪中段，眼视枪中段(图 4–3–98)。

图 4– 3–98

图 4– 3–99

❷ 身体向左转，左手向下经腹前向左划弧至右肩前，掌心向右，指尖向上，同时左脚向右脚并拢成并步，右手滑至中段，眼视左前方（图 4–3–99）。

❸ 身体直立，右手持枪中段，左手下落垂于左体侧，眼视前方（图 4–3–100）。胸向南。

图 4–3–100

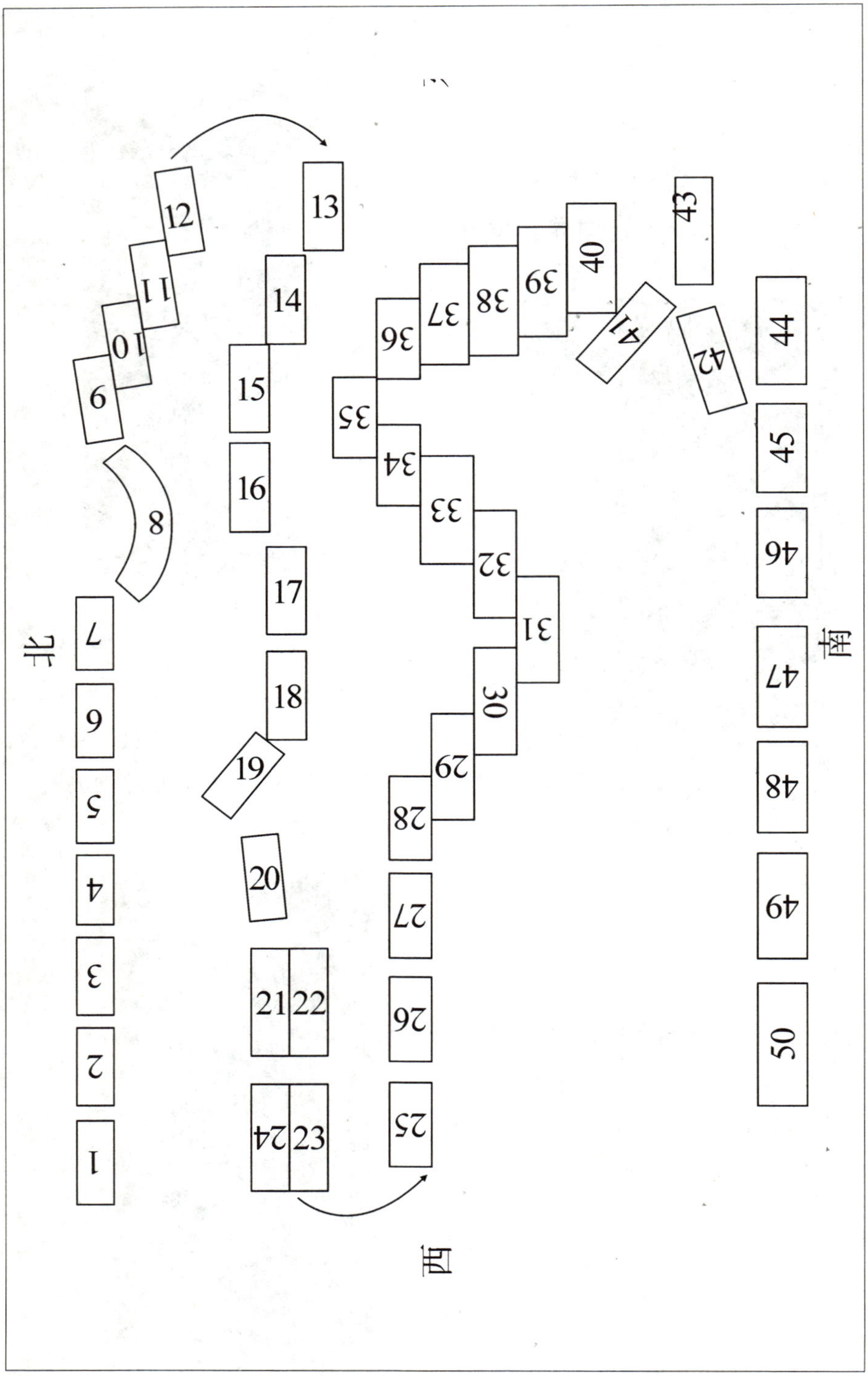

图4-3-101 九宫太极大枪动作编号与演示路线图

第五章　九宫门功法

第一节　概　　述

自古以来，武术功法林立，各门各派五花八门。武当九宫门功法有“九宫旋转十二法”“九宫桩”“穿九宫”“九宫弹指功”“玄武功”“九宫点穴法”等等。其功法总则是以练气为主，意气相随，内外合一。简言之“内练一口气，外练筋骨皮”。练功者利用人体五脏六腑和筋脉穴位的功能，借助空气，通过调心、调息、调身及吐纳或引导方法强化人体功能，练精化气，练气化神，练神还虚，达到吐故纳新、通调肺气；怡性养神，醒脑明目；疏通经络，活血化瘀；舒筋活络，通利关节；协调脏腑，健脾和胃；肾气和盛，延缓衰老的作用。功法练成了，是防身自卫克敌制胜的法宝；是表演场上引人惊奇的绝招；是全面发展武术专项身体素质，学习武术套路的基石；对提高武术运动具有重要的意义。练功必须注意以下几点：

(1)练功者要根据自己的具体情况，选择适宜自己的功法进行练习，不要见异思迁或者同时学练多种功法，以免无一精深。

(2)练功地点要空气新鲜，环境幽静的地方，最好选择松柏树林多的地方。

(3)禁止在雨天、雷电时练功；过饿过饱，酒醉后不宜练功。

(4)练功前在思想上，心理、生理方面做好准备活动，特别是热身运动。

(5)练功要有科学的态度，不要凭自己的兴趣蛮干。“入门并不难，深造也是办得到的”。

(6)必须坚持经常地，持久地练功，要“冬练三九，夏练三伏”，长年如一日不间断地练。

(7)必须贯彻“从易到难,从简到繁,从浅入深”的原则,切不可好高骛远,渴求一步登天,否则练功不成,甚至造成伤害身体。

(8)凡是学练功法者要遵法守纪,除见义勇为外,切忌倚仗功夫而争雄斗狠,为非作歹,望学练功法者铭心切记。

由于历史之原因,九宫门功法长期隐没于民间,濒于失传。为使传统九宫门功法重放光彩,在全民健身运动中发挥它的作用。作为武当九宫门的传人,愿在有生之年,尽自己的微薄之力,将先祖传下来的“九宫桩”“穿九宫”公诸于世,以飨广大武术爱好者。

第二节　穿九宫

根据“八卦九宫图”排列(图 5-2-1),在九个方位上,埋栽木桩或水泥桩,直径为 10~15cm 粗,长约 180~200cm,埋栽在地下 30~40cm,露出地面约 150cm,竖桩要牢固,在桩外要包裹一层海绵,在桩下之间习练为“穿九宫”,也称“飞九宫”。初练时,桩与桩的间距可以大一点,练功成熟后,逐步减少间距,根据具体练的方法与内容而变化。

穿九宫顺序,根据传说中的“太一行九宫之法。”在徐岳撰、甄鸾注的《数术

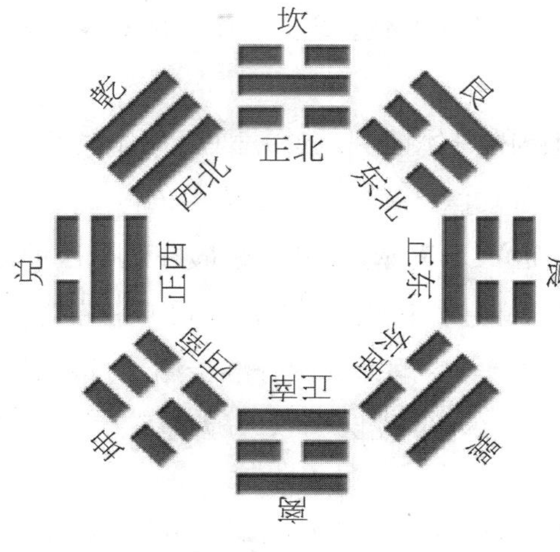

图 5-2-1

记遗》中，把这个顺序描绘为："二四为肩，六八为足，左三右七，戴九履一，五居中央。"按此顺序可画出"戴九履一图"的平面图(图 5-2-2、图 5-2-3)。"穿九宫"有正穿法即从一宫顺穿至九宫。反穿法：从九宫反穿至一宫。还有右旋绕即顺时针沿圆走圈，左旋绕即逆时针沿圆走圈。

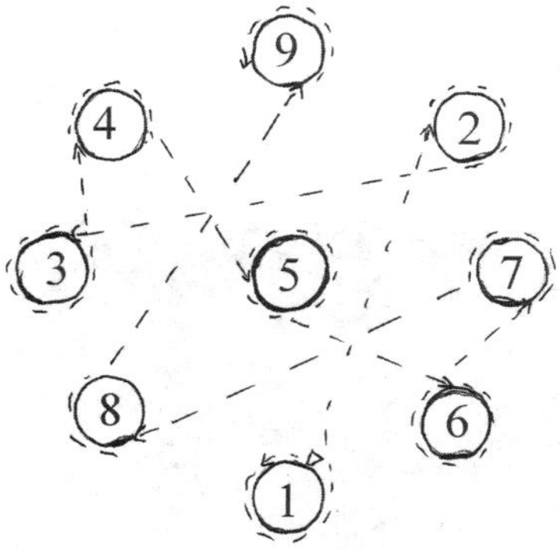

图 5-2-2 顺穿路线图

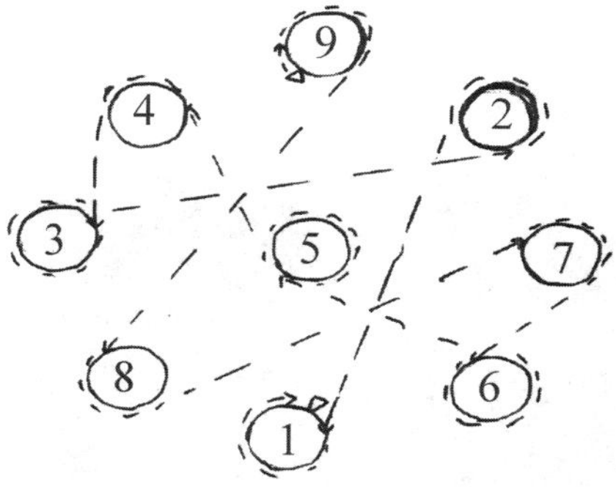

图5-2-3 逆穿路线图

初练"穿九宫"者，选用弧形步、趟泥步、九宫步(重心微偏前足，膝不过踝，进可跟，退可撤的实战步法)，及一般走步或跑步绕九宫标志物左旋右转熟练自如。然后进行"穿九宫"击桩法。练习者取八卦掌中的左转掌式和右转掌式配合穿绕。结合太极拳的掤、捋、挤、按、采、挒、肘、靠八法及拳打脚踢等攻防技术，用内劲击打木桩。练习者还可将九宫方位上的木桩视为九个敌人，并在每个木桩上绘画人体要害穴位一至两个。如太阳穴、印堂穴、膻中穴、神厥穴……人在九宫中流星飞行似的快速穿绕，实施手指点击、肘撞、膝顶、脚踢木桩上的穴位，要准确有力。

古人讲："九桩相距远近，仅能容身穿行，往来形如流水，旋转自如不碍，入桩翻转如鹰，灵活纵跳似猴"。

"拳打脚踢如走路，左右周旋如嵩草。武艺都是道真经，任意变化势无穷。岂知悟得婴儿玩，打法天下是真形。三回九转是一式，飞穿九宫试一试"。

总之，通过在宫中穿绕换势，始终把意、气、劲有机地糅合在一起，在连贯圆活的肢体运动中达到内静外动，意气相随的境地。

人身七拳:头、肩、肘、手、胯、膝、足利用九桩皆可锻炼。不过其锻炼效果不如在树林中练习好。如头顶(图 5-2-4)、肩撞(图 5-2-5)、肘拐(图 5-2-6)、手推足蹬（图 5-2-7)、胯击（图 5-2-8)、膝顶（图 5-2-9)、攀登（图 5-2-10)、腾飞(图 5-2-11)。真功夫,靠日久年长,科学地、有计划地刻苦训练。全面提高身体素质,筋骨强壮,内气充融,经络畅通,气血流畅无滞,增进了新陈代谢能量,必然达到有病治病,无病防身,颐养天年之目的。

图 5-2-4

图 5-2-5

图 5-2-6

图 5-2-7

图 5-2-8

图 5-2-9

图 5-2-10

图 5-2-11